प्रश्न-पांचाली

AF809373

प्रश्न-पांचाली

सुनीता बुद्धिराजा

वाणी प्रकाशन

वाणी प्रकाशन
4695, 21-ए, दरियागंज, नयी दिल्ली 110 002
शाखा
अशोक राजपथ, पटना 800 004
फ़ोन : +91 11 23273167 फ़ैक्स : +91 11 23275710
www.vaniprakashan.in
vaniprakashan@gmail.com
sales@vaniprakashan.in

PRASHNA-PAANCHALI
by Sunita Buddhiraja

ISBN : 978-93-5229-757-3
Collection of Poems

© 2017 सुनीता बुद्धिराजा
प्रथम (वाणी) संस्करण

मूल्य : ₹ 225

इस पुस्तक के किसी भी अंश को किसी भी माध्यम में प्रयोग करने के लिए प्रकाशक से लिखित अनुमति लेना अनिवार्य है।

सिटी प्रेस, दिल्ली-110 095 में मुद्रित

वाणी प्रकाशन का लोगो मक़बूल फ़िदा हुसेन की कूची से

कुरु सभा के नाम।

भूमिका

भगवान श्री तिरुपति के मंदिर में दर्शनार्थ जाएं, चाहे जिस समय, लंबी कतार में खड़े होकर प्रतीक्षा की लंबी घड़ियां बिताकर क्षणभर को दर्शन करके मन भरता नहीं है। उस बार भी कुछ ऐसा ही हुआ। क्षण भर के दर्शन के पश्चात् वापस मुड़ ही रही थी कि साथ में गये मित्र ने पूछा, 'तुम्हें ठाकुर जी को अपनी कविता नहीं सुनानी?' अपनी कविताएं मुझे याद नहीं रहतीं, लेकिन उस दिन कैसे तो एक कविता ध्यान में आयी और उसे देवता को समर्पित कर दिया।

'सब कुछ तुम्हीं हो देवता
समर्पण
याचना
प्यार
इस नीले आकाश का विस्तार
मैं एक नन्हा पक्षी हूं
पंखहीन
प्रार्थना हूं
तुममें लीन
या तो मुझे स्वीकारो प्रभु
या फिर आकाश का छोटा सा हिस्सा
मेरे साथ बांट लो !'

उस दिन मंदिर के गर्भगृह में खड़े पंडितों ने और न ही सुरक्षा-कर्मियों ने मुझसे तुरंत हटने को कहा। मन में देवता की छवि और कानों में अपनी ही आवाज को बसाये बाहर आयी जहां हजारों दर्शनार्थी बारंबार पुकार रहे थे—'गोविन्दा-गोविंदा-......गोविंदा।'

गोविंद की छवि मन में बस गयी है।

सालों-साल वृंदावन के बांके-बिहारी मंदिर के आचार्य श्री गोपाल जी गोस्वामी ने मंदिर का प्रसाद लाकर दिया है और कृतार्थ किया है। पहले ठाकुर जी

प्रसाद भेजने लगे और फिर अपने पास बुलाने भी लगे। बांके-बिहारी जी के सम्मुख खड़े होकर कितनी ही बार श्रीमती शोभा गुर्टू का गाया हुआ भजन (गाना न जानते हुएं भी) गुनगुनाया है—'म्हारो प्रणाम, बांके-बिहारी जी, म्हारो प्रणाम,' और अन्य सभी दर्शनार्थियों की भांति 'जय जय श्री राधे' कहकर लौट आयी।

राधा-गोविंद की छवि मन में बस गयी है।

आर्य समाजी परिवार में जन्म लेकर दैनिक नित्य-कर्म तथा कुछेक वेद मंत्रों का उच्चारण सीख जाना सहज था। किंतु मंदिर में जाकर श्रीकृष्ण की मोरपंखी छवि के प्रति आकृष्ट होना उतना सहज नहीं था। उसी आर्य समाजी परिवार में मेरी दादी हर सप्ताह दिल्ली में पटेल नगर के हमारे घर से पैदल चलकर कीर्तिनगर के कृष्ण मंदिर में जातीं। मंदिर में तथा यदा-कदा कुछ अन्य 'गोपिकाओं' के घरों में जन्माष्टमी तथा होली के दिनों में रासलीला रचायी जाती। एक गोपिका कृष्ण बनती और बाकी सखियां। डांडिया पर उनके पैर थिरकते, ढोल मंजीरे की थाप पर बोल सुनायी देते, 'तू राधे, तू राधे ते गोपाल होवां मैं। पल-पल तेरे नाल होवां मैं।' तीन-चार वर्ष की मैं कृष्ण के मोर-पंख को छूने की कोशिश कर-कर हार जाती।

गोविंद की छवि मन में बस गयी है।

डा. धर्मवीर भारती की 'कनुप्रिया' पढ़ी। उनका 'अन्धा युग' पढ़ा। एक दिन उनसे पूछ लिया, 'ये रचनाएं कैसे जन्मीं ?' 'एक दिन वृंदावन में यमुना किनारे घाट पर बैठा था। वहां जो कदंब का पेड़ है न, उसी के निकट। लोगों को यमुना में स्नान करते, युवतियों को पेड़ की शाख पर मन्नत की चुनरी बांधते देखकर मन कहां तो पहुंच गया था कि सहसा कहीं से एक मोर-पंख उड़ता हुआ आया और मेरे पैरों के पास गिर गया। मुझे लगा कि स्वयं कृष्ण ही मुझसे कुछ करवाना चाहते हैं और मोर-पंख के माध्यम से कोई संकेत दे रहे हैं। उसमें बसा उनके स्वरूप को मन में बुनता रहा, बुनता रहा और ये दोनों रचनाएं रची गयीं।'

गोविंद की छवि मेरे मन में भी बस गयी है।

पंडित जसराज तो श्रीकृष्ण में डूबे ही हुए हैं। संगीत के प्रत्येक आयोजन में उनसे 'व्रजे वसंतं नवनीत चौरम्' सुनाने का आग्रह करती हूं। एक दिन वह सूरदास का पद गाते हैं, 'श्रीकृष्ण चंद्र ने मथुरा तें गोकुल को आइबो छोड़ दियो, तब तें बृजवासिन ए री सखी, पनघट को जाइबो छोड़ दियो,' तो मैं अपनी रूलाई रोक

नहीं पाती। स्वयं को राधा के विरह के साथ तदाकार पाती हूं। श्रीकृष्ण का मोर-पंख, राधा जी की नीली साड़ी का आंचल, आंखों के सामने साक्षात हो आते हैं। निधि-वन में सुबह-सुबह पंडित जी गाते है, 'ऊधो लोग सिखावन आए। जो पे जोग लिख्यो गोपियन को, कतरस रास खिलाए..... तब ही क्यूं न जोग उपदेसो, अधर सुधा रस प्याये।' श्रीकृष्ण ब्रज-भूमि में नहीं हैं, लेकिन वे वहीं हैं—अपनी राधा सखी के साथ। निधि-वन की पत्ती-पत्ती में, शाख-शाख पर।

गोविंद की छवि मेरे मन में भी बस गयी है।

एक वर्ष श्रीकृष्ण जन्माष्टमी पर मैं द्वारका में हूं। मंदिर के प्रांगण में तिल भर को भी जगह नहीं हैं। दर्शन करना तो दूर की बात है। एक स्तंभ को दोनों बांहों में समेट उसकी उकेरी गयी कला के बीच पैर रखकर उस पर खड़े होने का प्रयास करती हूं। यह स्तंभ गोविंद की मूर्ति के एकदम सामने है। वहां खड़े-खड़े पता नहीं कितना समय व्यतीत हो जाता है। हज़ारों की भीड़ है, लेकिन मूर्ति जैसे मुझ ही से बातें कर रही है। अंततः भीड़ का एक रेला आता है और मुझे स्तंभ के ऊपर से धकेल देता है।

गोविंद की छवि मन में बस गयी है।

मैं कौन होती हूं उस छवि का वर्णन करने वाली ? उनके संबंध में कुछ भी कहने का सामर्थ्य मुझमें नहीं है। उनके मोर-मुकुट का नहीं, उनकी वैजयंती-माला का नहीं, उनकी करधनी का नहीं, उनकी बांसुरी का नहीं, उनकी राधा जी का नहीं, उनकी कुब्जा का भी नहीं, मैं किसी का भी वर्णन नहीं कर सकती। किंतु उनकी छवि जो मन में बस गयी है, बार-बार कुछ कहलवाना चाहती है।

कृष्ण-कथा से जुड़ी दो नायिकाओं ने मुझे अपनी ओर आकर्षित किया है। एक तो स्वभावतः राधा ने तथा दूसरी याज्ञसेनी कृष्णा ने। यज्ञ की आहूतियों और अग्नि-शिखाओं से जन्मी, अग्नि-शिखा जैसी ही तेजस्वी द्रुपद-कन्या के गर्व ने मुझे सदैव लुभाया है। उसका मान, उसका क्रोध, उसका प्रेम, उसका दर्प-रूप और ऐश्वर्य-जनित द्रौपदी का अभिमान कहीं-कहीं उसे बहुत स्नेहिल और कहीं बहुत विद्रूप बना देता है। पांच पुरुषों से विवाह करके अपने ही संबंधियों द्वारा वह 'वेश्या' और 'सती' दोनों कहलायी है। उसकी विवशता कभी परिस्थितिजन्य प्रतीत होती है तो कभी स्वयं अपनी उदात्त मानसिकता से जन्मी। कहीं वह परवश है तो कहीं अपने ही बुने हुए जाल में से छटपटाते हुए भी न निकल पाने की व्यथा बन जाती है।

द्रौपदी साधारण है, किंतु साधारण नहीं है। कई मायने में वह असाधारण है, किंतु असाधारण भी नहीं है। वह कुल-परंपरा का निर्वाह है। वह कुल-परंपरा की नियति है और वहीं कुल-परंपरा न निबाह पाने की भी नियति है। यह तो विडंबना है कि वह एक साथ पांच पतियों की पत्नी होकर भी अर्जुन के प्रति अधिक अनुरक्त रह पाती है, भीम का आदर पाती है और उसके उपरान्त भी कृष्ण को अपना सखा मान पाती है। कृष्ण और द्रौपदी का प्रेम अनकहा, किंतु गहरा है। वह उदार प्रेम है। किंतु, सीमाओं के भीतर पनपता है और ये निःशब्द सीमाएं स्वयं कृष्ण और द्रौपदी ने अपने लिए खींची हैं। न तो द्रौपदी के मन का उल्लास अर्जुन को बांध पाता है और न ही उसकी पीड़ा उसे रोक पाती है। अर्जुन अपनी ही पीड़ा में खोए हुए वनवास में भी अपने लिए एक और वनवास चुन लेते हैं—ऐसी परिस्थिति आन खड़ी होती है।

द्रौपदी मानिनी है,रूप गर्विता है, अहंकारी है, ज्वाला जैसी जलती है, किंतु छली नहीं है। इसीलिए तो परिणाम की परवाह किये बिना ही दुर्योधन को 'अंधे का पुत्र भी अंधा होता है'—कहकर आहत करती है। कितने ही तो रूप हैं—द्रौपदी के। उन्हें इस पुस्तक के माध्यम से, इसके विभिन्न पात्रों के माध्यम से मैंने शब्दबद्ध करने का प्रयास किया है।

भीष्म, धृतराष्ट्र, दुर्योधन, कर्ण, कुंती, गांधारी आदि की संवेदना भी अपने-अपने स्तर पर द्रौपदी की संवेदना के साथ जुड़ी है। महाभारतीय कथा के ये सभी पात्र अपनी-अपनी तरह से उसके प्रति ऋणी हैं। भीष्म और धृतराष्ट्र कुरू-सभा में उसकी पुकार पर भी कुछ न कर पाने के कारण और कर्ण अपनी आत्मा की प्रताड़ना के कारण। कुंती तो पहले से ही उसे अपने पांचों पुत्रों के बीच बंटने का अभिशाप अनजाने में दे चुकी है और अपने कृत्य का औचित्य ढूंढती है। गांधारी अपने पुत्रों की उद्दंडता को स्वीकार न करना चाहते हुए भी उनके सभी दुष्कृत्यों को स्वीकार करती है। कृष्ण को गांधारी का शाप सहज नहीं है, फिर भी सहज है, क्योंकि वह पीड़ित माता के दग्ध हृदय से निकला है। युधिष्ठिर अपने 'बड़ेपन' की उपाधि से विभूषित 'बड़प्पन' की गरिमा को संरक्षित करने के लिए शापित हैं। इनमें से कौन द्रौपदी की वेदना को समझता है, जानना कठिन है। और यह भी जानना कठिन है कि क्या द्रौपदी स्वयं भी अपनी वेदना का पूरा-पूरा हाल समझती है?

बहुत सारे प्रश्न मन में उपजते हैं, पानी के बुलबुले की तरह बैठ जाते हैं। फिर उपजते हैं, फिर बैठ जाते हैं। इन प्रश्नों का उत्तर किसी के पास नहीं है, संभवतः स्वयं कृष्ण के पास भी नहीं। ऐसे ही कुछ प्रश्नों और उनसे जुड़े संवेगों का एक समीकरण है—'प्रश्न-पांचाली', जिसे लगभग छः वर्ष तक गुनने-बुनने के पश्चात् आपके सम्मुख रख रही हूं। यह कृति विशाखापट्टनम के गंगावरम्

तट की उपज है जिसकी लहर मुझे हैदराबाद ले आयी है। और हैदराबाद से मुंबई फिर मुंबई से अब बंगलौर। 1993 में जब दिल्ली छोड़कर विशाखापट्टनम् पहुंची तो गंगावरम् तट को देखकर स्व. मित्र डा. शंकरदयाल सिंह ने कहा था, 'इस समुद्र जितना ही धीर-गंभीर कुछ लिखिए। ऐसा अवसर फिर कहां मिलेगा?' सच ही कहा था उन्होंने। द्रौपदी को केंद्र में रखकर पहले कभी दो कविताएं लिखी थीं, जिन्हें सुनकर बिशन टंडन जी ने उकसाया था एक पूरा काव्य लिखने के लिए। उन्हीं के बार-बार पूछते रहने पर इसे पूरा भी कर पायी हूं।

'प्रश्न-पांचाली' के प्रश्न कहीं आपके मन को स्पर्श कर पाएं, आपके मन में भी कुछ प्रश्न पैदा कर पाएं तो समझूंगी कि धन्य हुई, क्योंकि ये प्रश्न जितने ही उस युग की पांचाली के हैं, उतने ही आज की 'पांचाली' के भी तो हैं।

इति।

—सुनीता बुद्धिराजा

2 फरवरी, 2006
बंगलौर

अनुक्रम

दक्षिणायन

उत्तरायण

दक्षिणायन

व्यास

उठाओ अपनी लेखनी
विनायक!
आज मुझे
एक कथा कहनी है
मैं पराशरमुनि का पुत्र
कृष्ण द्वैपायन व्यास
एक इतिहास की रचना करने वाला हूं—
यह इतिहास मेरे ही जीवन का है
मुझसे कुछ पहले व्यतीत हो गये क्षणों का
क्षणभंगुर घटनाओं का
जन्म मरण की गाथाओं का है।

इतिहास यह
पलभर में व्यतीत हो गये वर्षों का
और
युगों में भी न व्यतीत होने वाले
पलों का है।

योग-क्षेम
जरा-मृत्यु
प्रेम-आलिंगन

आह-उच्छवास
अनगिनत जलधाराओं का इतिहास
सीमाओं के बनने और उनके अतिक्रमणों का
चंद्रमा की षोडश कलाओं का
सूर्य के अनंत पारावार का इतिहास है यह
बंधनों को जोड़ता
कुछ नातों को तोड़ता
सत्य की कठोरतम वास्तविकता का
इतिहास।

वह सब जो घटित हुआ
या वह जो घटित होने वाला है
का
शब्दों में
केवल शब्दों में बद्ध एक
लेखा-जोखा है
सचमुच का घटनाक्रम नहीं
केवल उसका वर्णन है।

मैं भी तो समय के चक्र का
एक अरा हूं
नौका में ऋषि पराशर की तपस्या का परिणाम हूं
देवी सत्यवती
के कौमार्य को वरदान हूं
कृष्ण जिस महायुद्ध के कर्ता हैं
उसके नायक-प्रतिनायकों का
महापिता-जनक हूं मैं
धृतराष्ट्र की अंधता
मुझसे जन्मी है

पांडु का पीतवर्ण
विदुर की सुमेधा
मुझ ही से है
मैं ही
विवेक
और विवेकहीनता
तथा विवेक को उपयोग न कर पाने का
कारण।

द्रष्टा हूं मैं
भूत और भविष्य का
प्रणीत है मुझसे वर्तमान
क्योंकि हस्तिनापुर के सम्राट
जो हैं
और जो नहीं हैं
अथवा जो हो सकते थे
मेरे ही पुत्र हैं
काल के आगार में देख चुकने के
पश्चात् भी, कि जो मैं करने जा रहा हूं
उसका परिणाम होगा महायुद्ध
मैं माता सत्यवती की आज्ञा को
शिरोधार्य कर
हस्तिनापुर के कंधों पर
अंधे साम्राज्य का
बोझा रख
वन को चला गया।

विनायक!
मैं भी अन्य सभी की भांति
कृष्ण की रचना पर

न हंस सकता हूं
और न ही रोता हूं
मैंने भी स्वयं को उन्हीं की इच्छाओं के
प्रवाह में बह जाने दिया है
किंतु, पूछना चाहा है मैंने उनसे
एक प्रश्न
कि कृष्ण
मैंने भी तो सुना है तुम्हारे उस वचन को
जिसे तुम अर्जुन को सुना रहे थे
जिसका एक भी शब्द
कुरूक्षेत्र में उपस्थित अन्य कोई भी जन
सुन पाने में असमर्थ था
उसके पश्चात् भी
मन में एक संशय उपजा है
कि गीता का वचन
तुमने अर्जुन से ही क्यों कहा ?
यदि समस्त योद्धाओं ने
भीष्म, द्रोण, कर्ण, युधिष्ठिर
यहां तक कि दुर्योधन ने भी
तुम्हारी गीता सुनी होती कृष्ण
तो भी संभवतः
युद्ध न होता
क्योंकि सभी तो तुम्हीं से, तुम्हारे कारण
जन्मे
तुम्हीं में विलय हो जाने वाले थे !
संभवतः न उठाते वे अपने शस्त्रास्त्र कृष्ण !

तो क्या मैं समझूं
कि जब-जब तुम्हारी इच्छा होती है

सृजन और विनाश को देखने की
तब-तब तुम
अर्जुन और दुर्योधन को
जन्म देते हो
धर्म और अधर्म की रचना करते हो
और जब-जब
अर्जुन को संशय उपजता है
युद्ध में उसके सारथि बन
तुम गीता का उपदेश सुनाते हो
क्योंकि उस समय तुम्हारी इच्छा
विनाश की होती है ?

हो तो सत्य ही कृष्ण
तुम लीला पुरुष!
जब मैं
ऋषि पराशर का पुत्र व्यास
तुम्हारी इस लीला का
पात्र बन गया हूं
तब हे वेदों में सामवेद
वाणी में ओंकार
सरिताओं में सुरसरिता
वृक्षों में अश्वत्थ
ऋतुओं में वसंत !
यदि तुमने मुझे
युद्ध की विभिषिका का
उसके पूर्व और पश्चात के इतिहास का
वर्णन करने को नियत किया है
तो मैं भी और क्या
कर सकता हूं ?

विनायक !
ऋतुचक्र
व्यतीत हो जाएंगे
क्रम यह चलता रहेगा
कृष्ण की लीला का
आज तुम उठाओ
अपनी लेखनी
मुझे एक इतिहास रचना है।

कुंती

जाओ पुत्र
इस रजत पेटिका के
छिद्र में से
छनकर आती चंद्र-किरणों की शीतलता
तुम्हारे ताप को कम करे
तुम सूर्य-पुत्र हो
तुम्हारा तेजस्
जब भी कभी तुम्हारे मन को उत्ताप से भरेगा
जन्म की पहली रात्रि को
इस मंजूषा में से झांकती चांदनी
तुम्हें
जन्म-जन्मों के उत्ताप को
सहने की शक्ति देगी।
मेरे कौमार्य के स्पर्श से
तेज-पुंज के स्वामी ने
तुम्हें रचा है
मुझमें नहीं है साहस
प्रश्नों से भरी एक भी दृष्टि का
सामना करने का
अतः हे पुत्र
आज मैंने

अपने क्षुद्र स्वार्थ के लिए
तुम्हारे प्रेम को
बलि चढ़ाया है
क्षमा करो मुझे।

इस अश्वनदी का वेग
जाने कहां ले जाएगा
तुम्हें
किंतु, समय के साथ
तुम भी धारा की भांति
सींचोगे अपने आस-पास
की
धरा को
तुमसे यशस्वी होगा
पृथ्वी का भी मान
तुम्हारी कीर्ति पताकाएं
पिता सूर्य की किरणों की भांति
दिग्दिगांतर में लहराएंगी।

मैं तुम्हें अपने स्नेह से वंचित कर रही हूं
पुत्र
किंतु, कालांतर में
हर माता की बाहें
तुम्हें पुत्रवत्
आलिंगन करने को अकुलाएंगी।

जाओ पुत्र
अपने यश की
ध्वजा फहराने के लिए

तुम्हें किसी पिता
अथवा माता के नाम की
आवश्यकता नहीं है।
तुम स्वयंभू बनो
यह शापित कुंती
तुम्हें आर्शीवाद देती है
तुम्हारे जन्म की इस प्रथम रात्रि को
तुम्हें स्वयंभू बनने के लिए अकेला छोड़
रजत-मंजूषा में
किसी स्वप्न-सा रखकर
जल की धारा में
प्रवाहित करती है।

●

कितना कुछ व्यतीत हो गया
इतने वर्षों में
मुनि दुर्वासा का वरदान
कितनी ही बार शापित होकर
मुझपर
फलित हुआ है
मेरे ये पुत्र किसके हैं ?
जब इनके ही पिता इनके अपने नहीं हैं
सूर्य-पुत्र का क्यों त्याग किया था मैंने,
अपने कौन से सम्मान की रक्षा के लिए ?
जन्म के साथ आए उसके कुंडल-
कितनी ही बार
उनकी आभा को
मैंने युधिष्ठिर के कानों पर देखने का

प्रयास किया है
अर्जुन और भीम का पौरुष—
मुझे उसके अभेद्य कवच का
स्मरण कराता है
और मेरा मन
बार-बार
अश्वनदी के वेग की ओर
लौट जाता है
तथा मंत्रों द्वारा आहूत किये जाने के
उपरांत भी
सूर्य, धर्म, वायु और इंद्र देवताओं का
स्पर्श भी
मुझे अपनी ही दृष्टि में
एक पुरुष समर्पिता
मानवी
नहीं सिद्ध करा पाता है
और प्रथम पुत्र को जन्म देने की रात्रि को
उस अबोध शिशु से
क्षमायाचना कर चुकने के
अनेकानेक वर्षों के उपरांत भी
मेरा मन
स्वयं को
क्षमा नहीं कर पाता है।

•

पति चले गये अनंत को
ज्येष्ठश्री की अंधता का
अंधियारा

राज्य पर भी छाया है
मैं अपने तीन
तथा माद्री के दोनों पुत्रों के साथ
निर्वासित हूं
पांचों ही मेरे पुत्र हैं वर्षों से
खांडवप्रस्थ के अग्निकांड के
पश्चात्
काल के हाथों से बचकर
ब्राह्मण वेश धर
पांचाल नरेश द्रुपद-कन्या
कृष्णा के स्वयंवर में गये हैं वे
प्रतिदिन वे भिक्षाटन करके लौटते हैं
आज क्या लाएंगे अपने साथ
मेरा मन जानता है
और
अनिश्चय की आशंका से
कांपता है
द्रुपद ने स्वयंवर में
अतिकठिन नियम रखा है
जानती हूं
मेरा अर्जुन ही उसमें पूरा उतर पाएगा।
फिर जब द्रौपदी को
पार्श्व में खड़ा करके
युधिष्ठिर प्रतिदिन की भांति
द्वार के बाहर से मुझसे पूछेगा—
'माता देखो तो, हम भिक्षा में क्या लाए हैं',
तो मेरा उत्तर क्या होगा ?
सोचती हूं।

•

आज मैं बार-बार
अतीत में लौट रही हूं
वर्तमान में अपनी ही दृष्टि का
सामना कर पाने में असमर्थ
मैं अपने कृत्यों का औचित्य
ढूंढती हूं
दुर्वासा का वरदान
फिर कौतूहलवश
देवता शिरोमणि सूर्य को समर्पण
फिर महाराज पांडु का
पाणिग्रह
फिर धर्म,
वायु
और इंद्र का वरण
सोचती हूं-
महाराज पांडु को कुपित मुनि का
शाप
क्या मेरे द्वारा देवताओं को
आहूत करने का
कोई बहाना था
या फिर मेरी कामातुर देह को
शांत करने के लिए
परिस्थितिजन्य आवश्यकता का
नामभर दे जाना था
पीछे मुड़कर देखने पर
ग्लानि से भर उठता है
मन
महाराज पांडु पुत्रविहीन रहते

तो रहते
मैं दुर्वासा के वरदान को
छुपाए रह सकती थी
अपने मन में
किंतु, मैं भी व्याकुल थी,
संभवतः
अपने स्त्रीत्व को सम्मान देने के लिए
मेरी देह बार-बार
पुरुष स्पर्श के लिए
अकुलाती थी
और प्रथम बार
सूर्य के स्पर्श मात्र की स्मृति से
मेरी रोमावली
सिहर-सिहर जाती थी।

इसीलिए
बारंबार मैंने बुलाए देवता
उनके संसर्ग से जन्मे पुत्र
और कहलाती रही उन्हें पांडव
मैंने क्या किया देव,
अपनी पिपासा को
कुल की परंपरा का नाम दे दिया !
उस समय
यदि रोका होता स्वयं को
तो नहीं आती आज
यह असमंजस की स्थिति
कि क्या उत्तर दूंगी युधिष्ठिर को
जब वह द्रौपदी को
पार्श्व में खड़ा कर
द्वार के बाहर से कहेगा,

'माता, हम भिक्षा लाए हैं',
तुमसे कैसे कहूं युधिष्ठिर,
पुत्र अर्जुन,
यदि मेरी पुत्री होती द्रौपदी
तो फिर भी सह सकती थी
उसके नेत्रों में उतरे प्रश्न
पुत्रवधू के नेत्रों द्वारा
पूछे जानेवाले
प्रश्नों का उत्तर कैसे दूंगी मैं
इसलिए अर्जुन
आज
मुझे तुम्हारे सम्मुख भी क्षमाप्रार्थी होना है
मुझे तुम्हारे द्वारा विजित
कृष्णा को
उसी भांति तुम सबको सौंपना है
जैसे मैंने सौंपा था स्वयं को
देवताओं के सम्मुख
वर्षों पहले
उसी दिन से
मैंने अपने प्रत्येक आचरण का
औचित्य ढूंढ़ लिया था
आज भी कोई न कोई तर्क
सुझा ही देगा
विधाता।

•

द्रौपदी
मेरे पैरों की ओर
सिर करके सोयी है

सोयी क्या होगी
मेरी आज्ञा को उसने
शिरोधार्य किया है
और
मेरी आंखों में भी
नींद कहां है
मेरी निद्राविहीनता का कारण समझो
पुत्री!
अपने अतीत को
तुम्हारी दृष्टि में
सत्य स्वरूप स्वीकार करने का
साहस
मुझमें नहीं है
इसलिए आज तुमसे कहती हूं
मेरे इन पुत्रों में आज
तुम भी बंट जाओ
क्योंकि मैं तुम्हारे सम्मुख
अपनी पराजय
स्वीकार नहीं कर सकती
इसलिए द्रौपदी
क्षमा करो तुम मुझे
आज मुझे क्षमा करो।

द्रौपदी

मैं हूं
कृष्णवर्णा
पद्मगंधा
याज्ञसेनी
पंचपतिव्रता
द्रौपदी

कर्ण
वारांगना कहकर
आहत मत करो तुम मुझे
क्योंकि, मैंने भी तुम पर
यदि वाक्बाण छोड़ा
तो तुम भी छटपटाओगे
और मेरी ही भांति
समय से
प्रश्न भी न कर पाओगे।

तुम धैर्यवान हो कर्ण
शक्तिशाली
परमवीर
सुदर्शन

गंभीर
मेरे पांचों पति भी
विलक्षण हैं
एक हैं धैर्यवान
एक महाबली
एक परमसुख चतुर, कृष्णसखा
एक नयनाभिराम
और एक-समुद्र से भी अथाह
किंतु मेरे उद्दाम यौवन की
सभी धाराओं को
अपनी ओर मोड़ पाता
ऐसा संपूर्ण पुरुष
उनमें से कौन था ?

कर्ण
यज्ञ की आहूतियों से जन्मी
मैं
परम तेजस्वी द्रुपद कन्या !
मेरी अजस्र आकांक्षाओं
अपेक्षाओं
उत्कंठाओं
और संवेगों के प्रवाह को
अपने भीतर धारण कर पाता
ऐसा कौन-सा पुरुष था
पूर्ण?
जिस दिन
अर्जुन मुझे
स्वयंवर में जीत
चारों भाइयों के साथ
ले आए थे

उसी दिन
मार्ग में मैंने पढ़ी थी
उन सबकी दृष्टि
उनकी सामर्थ्य का आभास
मुझे तभी हो गया था
वे पांचों के पांचों
अपनी एक-एक सामर्थ्य के बल पर
मुझे संपूर्ण पाना चाहते थे।
तुम्हीं बताओ कर्ण
किसे अधिकार था
अपने आंशिक समर्पण के साथ
यज्ञ के संपूर्ण शेष को पाने का ?
अपनी एक ही अंगुली के बल पर
मेरा पाणिग्रहण कर जाने का ?

विधाता ने
पृथ्वी
जल
वायु
अग्नि
और आकाश को साथ रखकर
मुझे रचा था
फिर मैं अपने
एक ही मन की प्यास बुझा
कैसे जीवित रह पाती ?
थाम लेता
जो मेरे सारे आवेग
मन के संवेग को
ऐसा कौन था ?
इसलिए

समझो कर्ण
कि मेरे पांचों पति
पांच नदियों का प्रवाह हैं
और मैं—
जिसमें पांच नदियों का जल
संचित हो जाए
वह कलश
उन पांचों से विवाह करना
मेरी नियति थी
और मेरी पिपासा संपूर्ण की थी
बूंद-बूंद स्वयं को देकर
मैंने कलश-जल संचित किया
बूंद-बूंद समर्पण लेकर
मैंने संपूर्ण को दिया।

वारांगना मत कहो मुझे
कर्ण
अन्यथा मैं भी तुमसे
प्रतिप्रश्न कर सकती हूं
कि सर्वगुणों के स्वामी
तुम सूतपुत्र क्यों हुए ?

किसका घाव गहरा है
'वारांगना' कहकर
संबोधित किये जाने के बाद
मेरा
अथवा 'सूतपुत्र' पुकारे जाने पर
तुम्हारा
यह तो समय ही तय करेगा
कर्ण!

आओ
आज इतना ही मान लें
कि हम दोनों का ही जीवन
नियति द्वारा संचालित है
और हम दोनों ही
दबे पांव
समय व्यतीत होने की प्रतीक्षा
कर रहे हैं।

जब व्यतीत हो जाएगा हमारा
अहंकार भी
नियति के चक्र के साथ
तब हम आहत नहीं होंगे
न मैं
पंचपतियों का पाणिग्रहण करने की स्मृति से
और न ही तुम
अधिरथ के पुत्र कहलाने पर
आओ हम अपने-अपने अहं की छटपटाहट से
मुक्त हो जाएं।

मैं हूं
याज्ञसेनी
पद्मगंधा
कृष्णवर्णा
द्रौपदी
तुम भी तो
सूर्य के समान तेजस्वी हो कर्ण !
इसलिए मुझे वारांगना
कहकर
तुम आहत मत करो।

विकर्ण

यदि मेरे मन में
अपने अग्रजों के प्रति
तुम्हें शंका का बीज ही उपजाना था
तो फिर
उन्हीं की अनुजता का दायित्व
तुमने मुझे क्यों दिया प्रभु ?
अपने ही वंश का
मैं एकाकी दीप
मुझे इतना ही एकाकी बनाना था
तो फिर
उसी दीप की विवश ज्योति बन
टिमटिमाने का दायित्य
तुमने मुझे क्यों दिया प्रभु ?

दुर्योधन, दु:शासनादि भ्राताओं की
वितृष्णापूर्ण दृष्टि
पिताश्री का सदैव ही कटता हुआ- सा स्वर
पितामह का दुलार से छूने को बढ़ता
फिर सहसा मार्ग में ही
रुक जाता-सा आशीष
मेरे चारों ओर प्रश्नों का एक घेरा-सा

बना देता है
शिला-सी कठोर
मामा शकुनि की वाणी
कर्ण-सा मुखर वीर भी कक्ष में
मेरे प्रवेश पर
अपनी वाणी पर अंकुश लगा लेता है।

केवल
माता गांधारी के पट्टी बंधे
नेत्रों से
कभी-कभी
स्नेह के छलकने का आभास होता है
यदि मेरे मन में
परिचय की इतनी प्यास ही
जगाना था
तो फिर
अंधता के साम्राज्य का
मूक दर्शक बनने का दायित्व
तुमने मुझे क्यों दिया प्रभु ?

सर्वत्र हस्तिनापुर में
अथाह शोर है
मेरा स्वर किसी को सुनाई
नहीं देता
कुरू-साम्राज्य जा रहा है
पापों के सीमाविहीन
गर्त में
जो साक्षात धर्म के पुत्र हैं
भ्राता युधिष्ठिर

उनकी बुद्धि पर भी
मेरे ही पिता की भांति
दृष्टिहीनता का प्रकोप हो चुका है—
प्रतीत होता है,
चारों अन्य भ्राता
उनके अनुगत हैं
तभी तो वे भी बैठे हैं
दृष्टि झुकाए
मुखावनत
कुरू-सभा के
इस समय हृदय विदीर्ण कर जाने वाले
दृश्य को
झुकी पलकों के पीछे से देखते
अपनी प्रिया पत्नी की करुणा को
बंद कानों से
अपनी रोमावलियों से ही
सुनते
इन शब्दों को
व्यतीत हो जाने की प्रतीक्षा करते हुए।

कैसी विडंबना है
कि मेरे ही सम्मुख
एक ओर
अपनी ब्याहता को
पांडव बंधु
भ्रातृभक्ति के आवरण से
ढंक रहे हैं
और यहीं दूसरी ओर
नितांत मेरे अग्रज

कुल की लज्जा को
अपनी नग्न पौरुषता का ध्वज मान
उसका आरोहण कर रहे हैं।

सभा में कौन सुनेगा
मेरा स्वर
अंधों की सभा
बहरी भी हो गयी है
कुरू-साम्राज्य तेजविहीन हुआ
ऐसे में विकर्ण नाम का
यह
नन्हां-सा दीपक
कहां तक टिमटिमाएगा ?

किसी को आभास नहीं होता
भविष्य के अंधकार का
कदाचित सभी पर
उस भय का प्रकोप है
जो मातामही अंबिका-अंबालिका पर छाया था
महात्मा व्यास से
हमारे पिताओं को गर्भ में धारण करते समय।

सभी तो हैं इस सभा में
आज
दृष्टि-विवेकहीन
पांडुवर्ण
ऐसे में मेरी छटपटाहट को
समझेगा कौन
पितामह भीष्म

अथवा महात्मा विदुर
कृपाचार्य
आचार्य द्रोण ?
यदि मेरे मन में
इसी भांति
आक्रोश के बीज को
पनपाना था
तो मुझे इस विचारशून्य
अंधों की नगरी में
कभी-कभी विवेक की आभा
ढोने का दायित्य
तुमने क्यों सौंपा प्रभु ?

अनुभव कर पा रहा हूं
मैं
हस्तिनापुर में पनपता हुआ विषवृक्ष का दंश
जो फैल गया है इस
राजभवन के ऊपर
दिशाओं को
ग्रसती कालिमा
मेरे अतिरिक्त
अन्य किसी को भी दिखायी
नहीं देती
यदि मुझे इस झंझावात में ही अंततः
डुबाना था
तो
विवेक की टूटी हुई नौका का नाविक बनने का
दायित्व
तुमने मुझे क्यों दिया प्रभु ?

डूब रहा है मेरे ही सम्मुख
पूर्वजों का साम्राज्य
ध्वस्त हो रहा है
उनका गौरव,
द्यूत की एक गोटी से भी
छोटी पड़ती
राज्य की समृद्धि
राजाओं की यशोगाथा
कथा उनके शौर्य की
धूमिल होती छवि
मेरे अतिरिक्त
अन्य कोई भी क्यों नहीं देख पाती ?

इस समय
न तो मैं दुर्योधनादि कौरवों के साथ हूं
न ही भीमादि भ्राताओं की भांति
युधिष्ठिर द्वारा द्रुपदकन्या की लज्जा का विक्रय
देख
पाने में समर्थ हूं
पितामह भीष्म
पिता धृतराष्ट्र
आचार्यादि की भांति
नपुंसक-सम, अविचलित भी नहीं बैठ पा रहा
हूं
स्वयं को
कापुरुष स्वीकारने का साहस मुझमें नहीं है
प्रभु
यदि मेरी अशक्यता का
बोध ही अंत में

तुम्हें कराना था
तो फिर यह सब देखने के अपराध-बोध से
तुमने मुझे ग्रस्त क्यों किया प्रभु ?
और यदि जो कुछ हो रहा है
वह अपराध नहीं है
पशुता नहीं है
तो फिर मनुष्य होने का ही बोध
तुमने मुझे क्यों दिया प्रभु ?
क्या तुम मुझे
अन्यायियों के साम्राज्य का
मूक-बधिर
संवेदनाशून्य पशु बनाकर
जन्म नहीं दे सकते थे ?

द्रौपदी

यमुना के नीले जल में
क्रीड़ा करती
गोपांगनाएं
कदम्ब का वृक्ष फूला है समीप ही
तुमने चुरा लिये हैं
गोपनारियों के वस्त्र-
कदम्ब की डाल पर
सतरंगे फूल उग आए हैं
और तुमने लगायी है
बांसुरी की टेर।

प्रतिबिंबित है
तुम्हारी आंखों में
यमुना का जल
गोपांगनाओं की
चंपकवर्णी
गौरांगी
श्याम
सुदर्शन
सुगठित देह
कंटीले

चंचल
चपल
और उदास नेत्रोंवाले मुखों की छटा

सहसा मिल जाता है
यमुना में
उनके भर आए
कातर नेत्रों का जल
तुम उनसे कहते हो-
वस्त्र पाना चाहती हो
तो तिरोहित कर दो
अपनी देह के अहंकार को
आ जाओ बाहर
विवस्त्र ही
छोड़ो सारा मोह

जब समर्पित कर दोगी
स्वयं को
संपूर्ण
विसर्जित कर दोगी
अपनी इच्छाएं
तब मैं
नदी जल की भांति
तुम्हारा वस्त्र बन जाऊंगा
तुम्हारी देहों से
आकाश की भांति
लिपट जाऊंगा
इस सृष्टि का एक-एक कण
बन जाएगा

तुम्हारा आवरण
तुम वस्त्रहीना नहीं रहोगी तब।

तिरोहित कर दिया है
गोपांगनाओं ने
अपनी देहों का मान
सम्मान
अभिमान
नदी का तट
रंगों की आभा से
जगमगा उठा है
विलीन होने लगे हैं
संख्यातीत अहं
यमुना के नीले जल को
समुद्र-सा गहरा हुए
अनेक वर्ष बीत गये।

●

मैं
बैठी हूं
कौरवों के राजभवन के
एकाकी कोने में
आज
रजस्वला
पवन भी मेरा स्पर्श करने में
संकुचाता है
एकवस्त्रा हूं
पंचपतियों की

जय का समाचार सुनने को उत्सुक
उत्सव और श्रृंगार
इस समय
मुझसे दूर हैं
किंतु, मेरे मन का उत्सव
कौन रोकेगा ?
मैं पांडवों की राजरानी
कौरवों के राजभवन के
एकाकी कोने में
अपने ललाट पर बने
रक्ताभ बिंदु का स्वागत करूंगी

कान लगे हैं सभागार की ओर
हृदय में उठते विप्लव के कारण
द्यूत-सभा का शोरगुल
सुनायी नहीं देता
पदचाप है
प्रतिहारी के आने की
समाचार अवश्य मंगल होगा
कि कानों में विष घोलते शब्द हैं
मुझे बुलाया है
सभा में
तुरंत
इसी रूप में
एकवस्त्रा,
रजस्वला हूं तो क्या
मैं अब कौरवों की दासी हूं
मेरे परम धर्मात्मा पति
मेरे अन्य चारों बलशाली पतियों सहित
द्यूत युद्ध में

स्वयं को
और मुझे भी हार चुके हैं।
मेरे घुंघराले केश
सर्प की भांति फुफकारते हैं
किंतु विषहीन हैं
डस नहीं सकते
दु:शासन
उन्हें पकड़कर
घसीटता
कुरू सभा में
ले आया है मुझे
किसी को सुनायी नहीं देता
मेरा प्रश्न
कि 'युधिष्ठिर ने मुझे
कब हारा
स्वयं को द्यूत में हारने के
पहले या उसके पश्चात्'
सारे कुशल राजनीतिज्ञों का
वाक्चातुर्य
मेरे प्रश्न का उत्तर देने में
असमर्थ हो गया है
किसी को दिखायी नहीं देता
मेरा अपमान
सभा में बैठा
हर वीर पुरुष
धृतराष्ट्र बन गया है
कुल की मर्यादा
पुत्रवधू का शील
कोई कैसे समझेगा-

माता गांधारी की आंखों पर भी
पट्टी बंधी है।
कृष्ण
यहां नहीं है आज
यमुना का जल
नहीं है आस-पास
कहीं भी
कदम्ब का पेड़
मेरा राजरानी होने का
अहंकार भी
इस समय मेरे पास नहीं है
मैंने अपनी मर्यादा
तुम्हें समर्पित कर दी सखा
अब इच्छा हो
तो अपनी कृष्णा को विवस्त्र होती देख
बांसुरी फूंको
अथवा उसकी देह के चारों ओर भी
आकाश से लिपट जाओ

तुम
मुझे स्वीकार करो
कृष्ण
तुम
मेरे अहंकार को भी स्वीकार करो
तुम्हारी यमुना के जल में
क्या केवल गोपांगनाएं ही
अपनी दुर्बलताओं का
विसर्जन कर सकती हैं ?

न सही यहां
नदी का नीला प्रवाह
मैंने तुम्हारी अंतःसलिला में
अपने समस्त
मनोमालिन्य को
विसर्जित किया
कृष्ण,
और
मेरी विवस्त्र होती देह की
लाज भी
तुम्हारी ही है
लो, मैं नदी जल की तरह
तुम्हारी यमुना में मिल गयी
लो,
मैं हवा की तरह
तुम्हारे आकाश में मिल गयी
विगलित हो गया है
मेरा अहम्
मेरा दर्प-अभिमान
आओ प्रभु
मैंने पंचपतियों की हृदयस्वामिनी
होने का भाव भी
तुम्हारे चरणों में समर्पित किया।

यह क्या
सखा
मेरे शरीर पर लिपट गयी है
तुम्हारे नेह की साड़ी
और सभा को भी अब

दिखायी देने लगा है
सुनायी भी देने लगा है
तुम्हारा चमत्कार
वंशी का स्वर

दुःशासन
शक्तिहीन
क्लांत
असमर्थ है
दुर्योधन की आंखों में है भय
मेरे पतियों के
झुके हुए मस्तक भी
अब धीरे-धीरे उठ रहे हैं
सभा का शोर
सहसा थम गया है
मुरली की अनुगूंज ने
मुझे अस्तित्वहीन बना दिया है।

मैं आज समझ पायी कृष्ण
तुम केवल समर्पण मांगते हो
मान का
तिरोहण मांगते हो
अहं का
फिर यमुना
पास में बहे न बहे
कोई अंतर नहीं पड़ता
कदम्ब निकट में
फूले न फूले
कोई अंतर नहीं पड़ता।

द्रौपदी

मैं
पांच पतियों की
हृदयस्वामिनी
धर्म, वायु
इंद्र
अश्विनीकुमारों के
परम तेजस्वी
पुत्रों के
मन के विस्तृत सम्राज्य की
अधिष्ठात्री
अपने नितांत एकाकीपन में
छोटे-से नंद-ग्राम के
ग्वाल-पुत्र
तुम्हें क्यों स्मरण करती हूं
कृष्ण ?

मेरे वनवास की अवधि
अपने पांचों पतियों में से
प्रत्येक के साथ
भोगी गयी
पूरी की पूरी अवधि है
इसलिए

मेरा एकाकीपन
पांच गुणा होकर
मुझे बींध रहा है।

युधिष्ठिर कहते हैं—
तुम धैर्य धारण करो
द्रौपदी, भूल-जाओ अपमान की व्यथा
क्षमा ही सबसे बड़ा धैर्य है
क्षमा कर दो उन्हें
जिन्होंने मर्यादा का उल्लंघन किया था
अतिक्रमण कर मनुष्यता की
सारी सीमाएं
जो नरपशु बन गये थे
उन्हें तुम क्षमा करो
और प्रतीक्षा करो
समय के व्यतीत हो जाने की।

मुझे युधिष्ठिर का यह उपदेश
समझ में नहीं आता
कृष्ण
सुनायी देता है दुर्योधन का
अमानुष स्वर
कौंध जाती है दृष्टि के सामने
वह दुर्योधन की
लज्जाहीन होकर
उघाड़ी हुई जांघ
पितामह और श्वसुर का निस्तेज होता हुआ
तेज
उनकी निष्क्रियता मेरे मन को
मथ डालती है

और यह पीड़ा
कि मेरा अपमान भी
मेरे पति को
कचोट नहीं जाता
कृष्ण
मुझे युधिष्ठिर का उपदेश
समझ में नहीं आता
और मैं तुम्हें स्मरण करती हूं।

जंगल की आग की तरह
धधकता है
मेरा मन
भीम अपने समस्त
स्नेह-जल को संचित कर
उसे बुझाने का यत्न करते हैं
भांति-भांति के पुष्पों
उपहारों से
वह मुझे बहलाते हैं
उनका चौड़ा-सा कंधा भी
मेरे दहकते आंसुओं को
रोकने के लिए
छोटा पड़ जाता है
उनके प्रेम का आवेग
मेरे अश्रुओं के वेग से
कहीं धीमा है।
मुझे भीम का अनुराग
समझ में नहीं आता
कृष्ण
और मैं तुम्हें स्मरण करती हूं।

वह जो अर्जुन हैं न
तुम्हारे सखा
वह भी छटपटाते हैं
कहीं भीतर ही भीतर
किंतु उनकी छटपटाहट
मेरी छटपटाहट से भिन्न है
उनकी तिलमिलाहट
मेरी तिलमिलाहट से भिन्न है
अर्जुन को सहन नहीं होता
मेरा युधिष्ठिर के साथ
संभाषण
भीम के साथ सखीभाव
नकुल और सहदेव की
परिचर्या
वह नहीं मानते
स्वयं को उत्तरदायी
मेरे इस बंटवारे का
जो पांचों भाइयों के बीच हुआ है
उनकी वेदना
मुझे कभी-कभी मिथ्या लगती है
कृष्ण !
मैंने कब कहा था
अर्जुन से
कि मैं पांचों भाइयों में बंटना चाहती हूं
अर्जुन के मौन को
स्वीकार लिया
जब मैंने
अपनी नियति मान
तब मैं उनके अनुकूल
चलने की भी दोषी कैसे हूं ?

कृष्ण
मेरी विडंबना देखो
कि मैं
जिसके कारण आहत हूं
वही मुझे अपने आहत होने का
कारण मानता है
और मैं जिस पर अपना
प्रेम वारती हूं
वही मेरे प्रेम को
'सर्वजन सुखाय'
बांटता है
उस पर आश्चर्य यह
कि जिसने मुझे घाव दिये
उसे अपने ही घावों का दर्द
सबसे अधिक सालता है
मुझे अर्जुन की यह वेदना
समझ में नहीं आती
कृष्ण
और मैं तुम्हें स्मरण करती हूं।

नकुल की अश्वशाला के सर्वश्रेष्ठ अश्व
संसार के किसी भी स्थान पर
पहुंच सकते हैं
गतिवान हैं वे
केवल आगे बढ़ना जानते हैं
वर्षों पहले की पीड़ा की ओर
लौट नहीं सकते
जो आज भी उतनी ही है
जितनी जब दी गयी

तब थी
अश्वशाला के अश्व
मेरे हृदय में उठते हाहाकार को
क्या समझेंगे
उनके स्वामी भी
मुझसे अश्वों की
प्रजाति-कुल की
बात करते हैं
नकुल हैं वे
मुझे नकुल के अश्वों की गति
कहीं नहीं पहुंचाती

सहदेव का अंकगणित
तारांगण की भाषा का अर्थ
मैं क्या जानूं
उन्हीं दो नक्षत्रों की भाषा पढ़
सकती थी
जो मेरी आंखों के सामने टिमटिमाते थे
किंतु कौन से नक्षत्र
पढ़ते
मेरे मन की भाषा
कौन लगाता उसके अर्थ
सहलाता मेरी टीस को
कौन बुझाता उस अग्नि की ज्वाला को
जो मेरी शिराओं में जलती है
वहां जाने कौन से अंकों का गणित
गड़बड़ा गया था
मुझे चांद-सितारों की भाषा
समझ में नहीं आती

कृष्ण
और उन सभी
अपने पंचपतियों
देव-पुत्रों के होते हुए
मैं तुम्हें
नंद-ग्राम के ग्वाल-पुत्र को स्मरण करती हूं।

द्रौपदी

जबसे
मुझे आभास हुआ है
अर्जुन
कि तुम्हारी दृष्टि की लौ
अब मुझे देखकर
कांप नहीं जाती
और तुम्हारे अधर
मेरा नाम पुकारने को
व्याकुल नहीं होते

जबसे
आजानुबाहु
मुझे आभास हुआ है
कि तुम्हारी भुजाएं
मेरा आलिंगन करने को
अब पहले की भांति
नहीं छटपटातीं
और तुम्हारे पैर
मेरे समीप आते-आते
थम जाते हैं
तभी से

मुझे
इस पृथ्वी के सारे के सारे संबंध
सारहीन लगने लगे हैं

मैं क्यों हूं
तुम्हारे आस-पास
मेरे होने का यहां
औचित्य क्या है—
पूछने लगी हूं
स्वयं से मैं

इधर तुम अजाने से लगते हो प्रिय
निकट हो
किंतु
किसी दूरगामी प्रदेश में
खोए हुए
सरोवर में उगे कमल की
भांति
जल में
किंतु
जल से दूर
जब भी मैं स्वयं से
पूछती हूं
धनंजय
कि तुम्हारे प्रति
मेरे प्रेम की मर्यादा क्या है ?
मुझे केवल एक ही उत्तर
समझ में आता है
कि प्रेम की कोई मर्यादा नहीं है

यूं भी तुम्हारे बिना
इतने वर्ष
मैंने तुम्हारा समाचार सुनकर ही तो
व्यतीत किये हैं—
किसी न किसी यात्रा करते ऋषि से
किंतु, जानते हो प्रिय
उस समय
तुम इंद्रलोक
अथवा अन्य किसी दूर देश में होते हुए भी
मेरे कितने निकट थे

पलकें बंद करने पर
मुझे तुम दिखायी देते
और पलकें खोलने पर भी
तुम ही साकार हो जाते—
तब तुम मेरे हृदय में रहते थे।

किंतु
जबसे तुम अपनी
तपस्या से लौट कर आए हो प्रिय
तुमने मेरे हृदय से बाहर
कोई घरौंदा बना लिया है
वहां से
संभवतः
तुम्हें मैं दिखायी नहीं देती
अनुभव भी नहीं होता
तुम्हें मेरा स्पर्श
मेरे काजल विहीन नेत्रों के
सम्मुख तुम साकार खड़े नहीं हो जाते

मैं अपनी देह की
पद्‌मगंध को
अपनी नासिकाओं में भर लेने का प्रयास करती
हूं—
जैसे कि कभी तुम करते थे
नीले पुष्पों की वेणी गूंथ
अपने खुले केशों में धारण करती हूं
और अंगुलियों से बार-बार उन्हें सहलाती हूं—
जैसे कभी तुम करते थे
कैसा यह सत्य है अर्जुन
कि तुम भी यहीं हो
यहीं, इसी पर्णकुटी में
रहते हो
प्रतिदिन मैं तुम्हें देखती हूं
और तुम्हारे नेत्रों में
परिचय की कोई छाया ढूंढ़ने का
प्रयास करती हूं

तुम्हारे प्रति मेरे प्रेम की मर्यादा
क्या है अर्जुन ?
अभी प्रातः
मैंने पारिजात के वृक्ष पर बैठे
नीलकंठ को देखा

ऐसा कुछ लगा
कि तुम संभवतः
मुझे पहचानोगे
और पुनः प्रेम से
मेरी ओर देखोगे
अपनी तर्जनी से

मेरा चिबुक ऊपर उठाओगे
और लज्जा से
मेरी पलकें झुक आएंगी
और तुम
वहां खड़े-खड़े ही
मेरे हृदय में प्रवेश कर जाओगे

किंतु,
ऐसा कुछ भी तो नहीं हुआ
अर्जुन !
डाल से नीलकंठ उड़ गया है
सोचती हूं
क्या मैं तुमसे प्रेम निवेदन करूं ?
स्वयं ही तुम्हारे पास आकर
एकाकीपन की
अपनी व्यथा का
वृत्तांत कहूं
वहीं थम जाती हूं मैं
लेकिन आकाश पर गहरा होता हुआ
अंधियारा
मुझे भय से व्याकुल
बना देता है
तुम्हारे पैर
मेरी ओर आते-आते
लौट जाते हैं
दो-चार बूंदें जल की
मेरे मुख पर गिरती हैं
गिर कर
अश्रु कणों के साथ
मिल जाती हैं

हृदयेश्वर
तुम नहीं जानते होगे
कि कभी-कभी
युधिष्ठिर, भीम, नकुल और सहदेव के
साथ
सहवास के वर्षों में भी
मुझे तुम्हारा स्मरण हो आता है
उनके साथ शय्या पर
मेरा मन खो-सा जाता है
कक्ष की दीवारों को पार कर
कितनी ही बार
मेघमाला के साथ उड़ता हुआ
तुम्हारे हृदय के कपाट पर
थाप देता है
तुम कभी उसे
सुनते हो अर्जुन ?

मुझसे किसी ने कहा नहीं है
प्रिय
किंतु, अगले दिन
जब पक्षी भोर में चहचहाना
प्रारंभ करते हैं
तब मैं एक-एक कर
हर बार
अपने उस पति के नेत्रों में
प्रश्न चिह्न देखती हूं
जिसके साथ मेरे सहवास का समय था
वहां केवल मेरा शरीर ही रहा
और मन तुम्हारे पास से कब हटा ?

उन क्षणों में
मुझे आभास नहीं होता अर्जुन
कि मैं किसी के साथ
कोई अन्याय कर रही हूं।

मैंने जब तुम्हें अपना
मन सौंप दिया है
प्रिय
तब उसे स्वीकार करना
क्या तुम्हारा धर्म नहीं हैं ?
नहीं,
तुम तो नहीं हो धर्मराज
केवल शक्ति के बल पर
जो तुम्हें मिलता है
उसे ही स्वीकार करना जानते हो
सव्यसाची, धनंजय हो,
लेकिन, मुझे भी तो तुमने विजय किया था
अपने धनुष की प्रत्यंचा के बल पर
यह बात और है
कि मैंने
उस प्रत्यंचा की गोलाई पर
शरीर के साथ-साथ
अपना मन भी तुम्हें दे दिया था
मेरे साथ
तुम्हारी
प्रतीक्षा करते
चुक चुके रात्रि के प्रहरों में
झर कर
पारिजात के पुष्प

श्वेत चादर से
बिछ गए हैं
फिर से

नीलकंठ आ बैठा है पारिजात की डाली पर।
रात्रि के शुभ आगमन की
प्रतीक्षा में
मैं एक और दिन
व्यतीत करने वाली हूं
और तुम्हारे प्रति
मेरे प्रेम की
कोई मर्यादा नहीं है।

अर्जुन

चंद्रिका दो
छांह दो
हे पूर्ण पुरुष
अपनी करुणा से
मेरे इस परितप्त मन को
शांत करो

नितांत
असमर्थ, अशक्त
मैं तुम्हारे प्रति विनत हूं
किंतु दग्ध हूं ईर्ष्या में
मन ही मन जल रहा हूं
द्रौपदी पर
खो बैठा हूं जैसे अपना अधिकार
स्वयं ही उसकी मर्यादा को तोड़
प्रेम की सीमाओं के बाहर भेजकर
आज मैं छटपटा रहा हूं
भाइयों को उसके साथ
परिहास करते देख
और देखकर प्रत्यक्ष निवासते एक ही कक्ष में
मेरा हृदय दग्ध हुआ जा रहा है

देखो तो
उष्णता से
मेरी हथेली में रखी
चंपे की यह पांखुरी भी
जल गयी है।

क्यों नहीं द्रौपदी
तुमने उस दिन किया प्रतिकार ?
मेरी कापुरुषता को ढोना
तुम्हारे लिए
अनिवार्य कहां था ?
बड़े भाई के कथन
और माता की अजाने में दी हुई
आज्ञा को
शिरोधार्य करना भी
तुम्हारे लिए
आवश्यक नहीं था प्रिये !

मैंने तुम्हारा विद्रोह
देखा है याज्ञसेनी
देखा है तुम्हारे नेत्रों में जलती
क्रोधाग्नि को
सर्प की भांति फुफकारते
केशों को अपने
हाथों से ख़ोलते हुए
मैंने देखा है तुम्हें
दुर्योधन और दुःशासन के प्रति
तुम्हारा धिक्कार
सीत्कार तुम्हारे हृदय का

कर्ण के प्रति तुम्हारा रोष भी
मैंने देखा है पांचाली
आज जब मैं
ईर्ष्याग्नि में जल कर
भस्म-सा होता जा रहा हूं
उस दिन तुम्हारा वह क्रोध कहां था ?
क्यों नहीं तुमने किया प्रतिकार अन्याय का ?
मैंने तुम्हारे नेत्रों में
तुम्हारी वेदना को पढ़ा था
तुम्हारी कातर दृष्टि
मुझे सहायता को
पुकार रही थी
तुम्हारी पलकों पर
मैंने पढ़ा था अपने प्रति
छलकता प्रेम
समर्पित हो जाने के भाव जैसा
तुम्हारा मुखमंडल
प्रदीप्त था
तुम्हारे आरक्त कपोलों पर
एक ही आशय था
अधखुले अधरों का
वह अनुच्चरित वाक्य भी मैंने
सुन लिया था प्रिये—
'अर्जुन, मुझे ग्रहण करो,
अर्जुन मैं तुम्हारी हूं,
अर्जुन, मैं तुमसे प्रेम करती हूं'

उस दिन, द्रौपदी
यदि स्वीकार कर लिया होता

मैंने
तुम्हारे उस समर्पण को
ईर्ष्या में सुलग रही मेरी हथेली में
यह पुष्प पांखुरी जल न गयी होती।
मैं चुराए हूं नेत्र
आज
कृष्णा से
क्यों कि असमर्थ हूं
उसकी दृष्टि का सामना करने में
क्या वह मेरी पौरुषहीनता थी
जो कहीं भीतर ही भीतर
मुझे द्रौपदी को परितृप्त न कर पाने में
स्वयं को असमर्थ पा रही थी ?
अथवा वह मेरे ही अहं की कोई छिपी हुई
कामना थी
जो उस समय
मुझ पर
मेरी महानता की दुंदुभि बजा रही थी ?
और मेरी प्रिया पत्नी को भी
भाइयों में बंटते देख
मुझे अपनी ही दृष्टि में
गौरवशाली बना रही थी ?

●

कुरूसभा में
मैं नतमस्तक बैठा हूं
अन्य भाइयों के साथ
द्रौपदी की साड़ी का चीर

खिंचता हुआ
मेरे हृदय को मथ रहा है
मेरे कानों में उसकी
पुकार है
मेरी हथेली में नहीं है आज
पुष्प पांखुरी
किंतु वह उष्णता से
जल रही है

अपने ही छिद्रान्वेषण के शोर से
मैंने अपने कानों को बंद कर लिया है
पूछ रहा हूं प्रश्न आज स्वयं से
यदि उस दिन
माता के सम्मुख
मैंने द्रौपदी को
केवल अपनी बना लेने का साहस किया होता
और उसे पांचों भाइयों के बीच
बांटने का अनुक्रम न किया होता
तो क्या आज
मेरी प्रिया की लज्जा
सभासदों के बीच
इस भांति बंटती ?

नहीं अर्जुन !
द्रौपदी के इस चीरहरण के लिए
तुम ही उत्तरदायी हो
इतिहास
आज स्वयं को दोहरा रहा है
तुम्हारे ही जीवनकाल में

किंतु आज भी उसकी मार
मेरी प्रिया को ही सहनी पड़ रही है
और मेरा पौरुष
कापुरुष की भांति
नतमस्तक सिसकियां भरने का
अभिनय भी नहीं कर पा रहा है
मेरे प्रेम की प्यास
आज शांत है
केवल
उसमें एक बुलबुले के
टूटने की ध्वनि है
जिसे मेरे अतिरिक्त
और कोई नहीं सुन पा रहा
ये मेरे अग्रज और अनुज भी नहीं
जिनकी दृष्टि में महान
बनने के लिए
मैं अपनी ही दृष्टि में
कितना नीचे गिर गया था
और जिसका प्रायश्चित
मैं चाहने पर भी
आज नहीं कर पा रहा हूं

जो मेरी एक अंगुलि के संकेत मात्र से
अपना सर्वस्व समर्पित करने को
तत्पर थी
उस द्रौपदी की
करुणामयी पुकार पर
मैं अपनी करुणा भी उसे दे पाने में
अंसमर्थ हूं।

●

तुम तो नियामक हो कृष्ण
संभव हो तो मेरी हथेली को
उसकी अपनी उष्णता में
भस्म हो जाने से
बचा लो
संभव हो तो
मेरी कृष्णा को
अपनी करुणा की छाया ही
ओढ़ा दो।

●

सुन ली कृष्ण ने
उस दिन
कृष्णा की पुकार
वन में वही
हम भाइयों के साथ आयी है
हमारे मार्ग में बिछे कांटों को
अपने धैर्य के साथ
पुष्प शय्या में परिवर्तित कर जाने के लिए
मैं अब भी
जब उसे भ्राताओं के साथ संवाद में
लीन
परिहास में
मग्न
देखता हूं

तो मेरी हथेली में मानो
पुष्प पांखुरी
ईर्ष्या में सुलगने लगती है
यह कैसा है मन
जब अपने ही कृत्यों की अग्नि में
झुलस रहा होता है
तब अपने ही प्रियजनों को
भस्म कर देना चाहता है
एकाकी रात्रियों को
वृक्ष की छाया में
जब चंद्रमा की किरणें भी
मुझे दग्ध कर जाती हैं
तब मैं पुनः
तुमसे कहता हूं
ओ पूर्ण चंद्र मुख
सृष्टि के कर्त्ता
चंद्रिका दो
छांह दो
संभव हो तो अपने मोरपंख की हवा से
मेरा परिताप हर लो

द्रौपदी

जानते हो सखा
आज सुबह से ही
मेरा मन
उदास क्यों है ?

नहीं,
तुम नहीं जानोगे
अंतर्यामी होकर भी
सबके अंतर की
सभी बातें तुम नहीं जान सकते
क्योंकि, मन की परतों को
खोलते-खोलते
बिना किसी आवरण में छुपा हुआ मन
कैसा होता है
इसकी पहचान तुम खो चुके हो
क्षमा करना सखा
तुम्हारी असीम सत्ता पर
मैं कोई प्रश्नचिह्न नहीं लगा रही हूं
मैं तो केवल इतना कह रही हूं
कि असीम को जानने वाला
सीमाओं के भीतर

भावों के प्रवाह को
समझने की स्थिति से
कहीं बहुत दूर हो गया है

किंतु,
मैं भी क्या
तुम्हारे प्रति शंकाओं की
इतनी लंबी कड़ी खोल रही हूं
नहीं सखा
मैं तो तुमसे कह रही थी
कि आज सुबह से ही
मेरा मन
उदास है

रात मैंने
स्वप्न में
अर्जुन की नीली देह को
तुम्हारे नीले शरीर में
विलीन हो जाते हुए देखा
और फिर देखा
कि तुम्हारा नीला शरीर भी
समुद्र की नीली गहराई में
उतर रहा है
और फिर समुद्र की गहराई
अनंत आकाश की नीलिमा में
परिवर्तित हो गयी है
उस नीलेपन में
दो सलोने पांव हैं

उन पांवों को
छू रही हैं
श्वेत पुष्पों की पांखुरियां
और वे पांखुरियां
मेरे हाथ हैं

मेरे हाथ
अश्रुकणों से सिक्त
धो रहे हैं नीले पांवों को
जब मैं
अपने होठों से
उन पांवों पर गिरे अश्रुजल को
चरणामृत मान
पीने का प्रयास करती हूं
तो सहसा
वे अदृश्य हो जाते हैं
सखा
नहीं है वहां
आकाश का विस्तार
न समुद्र की लहर
न तुम्हारे या अर्जुन के
एक से दिखायी देने वाले पांव
अर्जुन की देह
न तुम्हारा मोरपंखी मुकुट
बार-बार हवा में लहरानेवाला
तुम्हारा वह पीतांबर
न अर्जुन का
तुममें खो जानेवाला

श्यामवर्णी शरीर
सखा मैंने देखा
कि श्वेत पुष्पों की पांखुरियों जैसे
मेरे दोनों हाथ
अषने आराध्य को तलाश रहे हैं
और उनका आराध्य
कहीं खो गया है
आज सुबह से ही
मेरा मन
कुछ उदास है
सखा !

अर्जुन तो
पहले से ही
मुझे बारं-बार छोड़ जाते थे
मेरी उदासी जब मुझे
बारं-बार घेर लेती
तब मैं तुम्हें स्मरण करती
और सोचती थी
कि तुममें और मुझमें
और अर्जुन में
कितना अधिक साम्य है

तुम लीलापुरुष
अनेकानेक
स्त्रियों के समीप होते हुए भी
केवल राधा के ही
कैसे हो ?
मैं कृष्णा

पंचपतियों की हृदयस्वामिनी
केवल अर्जुन के
चरणों में
अपने समर्पण की अंतिम परिणति
क्यों मानती हूं ?
और अर्जुन
अर्जुन भी दिशाओं के हर कोने में
विजित पृथ्वी की भांति
अपनी प्रेयसियों के साम्राज्य का स्वामी
होकर भी
मुझसे क्यों आंखों चुराये घूमते हैं ?

सखा
मैंने यूं तो
अनेक बार
अपनी
और राधा की तुलना भी
कर डाली है
वह भी चिरप्रतीक्षिता रही
मेरी प्यास भी
अनंत-अपार है
तुमने अपना हृदय
राधा को दिया सखा
और मैंने तुम्हारे कहने से
अर्जुन को
पहले उसे तुम्हारी इच्छा मान
अर्जुन पर उड़ेल दिया था
बाद में
जब मैं स्वयं ही

अपने उस प्रेम-रस में
डूबने उतराने लगी
तो फिर अर्जुन को
मेरे ही प्रेमपाश से
विमुक्त क्यों कर लिया
सखा ?
मुझे बताओ
कि यह कैसी विवशता है
कि जब कोई बाहर के लोग
डंसने का प्रयास करते हैं
तो मेरे केश
उनसे प्रतिशोध लेने को आतुर
नाग बनकर
क्यों फुफकारते हैं
और जब
अपने ही हृदय में बसे
नितांत अपने छुपकर
बार-बार
हृदय पर सचमुच आघात करते हैं
तो मेरे ये वही केश
प्रेम से
उन्हीं के हाथों द्वारा सुलझकर
वेणी बनकर
कांधे पर क्यों झूल जाना चाहते हैं ?

आज सुबह से ही
मेरा मन
कुछ उदास है
सखा !

द्रौपदी

अनेक बार
मैं
स्वयं से प्रश्न करती हूं
यहां
अपने अंतस् की अतल गहराइयों में
उतरने के बाद
कि क्या
तब भी
तुम इतने ही निष्ठुर होते
यदि तुम्हें यह पता न होता
कि मैं
अपने मन से
बहुत भीतर अपने मन से
तुम्हें प्रेम करती हूं।

क्योंकि तुम
कृष्णसखा थे
क्योंकि स्वयंवर के ही दिन
तुमने मेरे मौन नेत्रों में अपने लिए
अनकहा प्रेम निवेदन पढ़ लिया था
क्योंकि वन में माता को प्रणाम करने जाते समय

मेरे हाथ
तुम्हारे हाथों का स्पर्श पा
सिहर गये थे
क्या इसीलिए
तुम जब भी चाहे
मेरे हृदय की धड़कन को
अनसुना कर
चले जाते हो ?
मैंने तुमसे नहीं कहा प्रिय—
मैं तुम्हारी हूं
अपनी प्रत्येक श्वास से तुम्हारी
फिर भी तुमने
अनुभव तो कियां है
मुझे
अपने निकट
प्रतिपल
प्रतिक्षण !

अनेक बार
मैं
स्वयं से प्रश्न करती हूं
यहां
अपने अंतस् की अतल गहराइयों में
उतरने के बाद
कि क्या
तब भी
तुम मेरे लिए
प्रेम की स्वीकृति की
उतनी ही शर्तें रखते

जितनी कि अब रखते हो
यदि तुम्हें यह पता न होता
कि मैं तुम्हारी प्रत्येक शर्त के साथ
तुम्हारी प्रत्येक शर्त को मानती हुई भी
अपने मन से
बहुत भीतर अपने मन से
तुम्हें प्रेम करती हूं ?

तुम मुझे मिलोगे नहीं
प्रिय
यहां धूप झरोखों में से
प्रलंबित होती हुई छायाएं
इसका प्रमाण हैं
तुम मुझे मिलोगे नहीं
प्रिय
ऋषियों द्वारा
कही जानेवाली कथाएं
तुम्हारी सूचनाएं
एकानेक देशों में
तुम्हारे प्रेम की कथाएं
इसका प्रमाण हैं

अनेक बार
मैं स्वयं से प्रश्न करती हूं
यहां
अपने अंतस् की अतल गहराइयों में
उतरने के बाद
कि तब भी क्या
तुम मेरे लिए

प्रतीक्षा की
उतनी ही घड़ियां नियत करते
जितनी कि अब करते हो
यदि तुम्हें यह पता न होता
कि तुम्हें अपनी प्रेमांजलि का
एक-एक पुष्प अर्पित करने के लिए
मैं अनंत काल तक भी
तुम्हारी प्रतीक्षा को
प्रस्तुत हूं ?

सुनो अर्जुन
यहां वन में
कंटीले-पथरीले मार्गों पर
चलते समय
मुझे तुम्हारे साथ
पहले दिन का वनागमन स्मरण हो आता है
जब तुमने मेरे पांव में चुभे कांटे को
अपने हाथ से निकाला था
मैं अपने पांव को वहीं-वहीं स्पर्श करती हूं
और
मुझे तुम्हारे उसी प्रथम स्पर्श का आभास होता
है
चित्रांगदा
उलूपी
सुभद्रादि
प्रेयसी-पत्नियों के निकट
क्या तुम्हें भी कभी मेरा स्मरण
होता है ?
जब तुम अपने धनुष की प्रत्यंचा चढ़ा

युद्धों में लक्ष्य को साधते हो
तब क्या कभी भी
स्वयंवर के उस दिन का
लक्ष्य-भेदन तुम्हारे स्मृति पटल पर
उभरता है
जिसका
अंतिम
उद्देश्य
मेरे उद्दाम
निर्दोष
यौवन का वरण था ?

कई बार
यहां
अपने अंतस् की अतल गहराइयों में
उतरने के बाद
मैं स्वयं से प्रश्न करती हूं
कि तुम्हें
अंश भर पाने के लिए
मैंने अपना क्या कुछ खोया है ?
अपनी अस्मिता
सकल अस्तित्व
एक-पतिव्रता होने का गौरव !

नित्य सहती हूं
मैं लोगों की दृष्टि में तिर्यक् रेखा-सा
सहसा उभर आनेवाला
तिरस्कार
फुसफुसाहट से उभरते

उनके स्वर
फिर भी मैंने अब
प्रारब्ध से युद्ध करना छोड़ दिया है
अर्जुन
उसी दिन छोड़ दिया था
जब माता के आदश का पालन करने
तुमने मुझे अपने भाइयों
के बीच
बंटने को छोड़ दिया था
और तुम्हारे नेत्रों से
दुःख का एक भी अश्रु नहीं
ढुलका था
मैं तो तुम्हारी
अनेक वर्षीय
सहस्रों दिवसीय
दिनचर्याओं में से
किसी एक चर्या का अंश हूं
अर्जुन
फिर भी मैं प्रश्न करती हूं
स्वयं से
अनेक बार
कि तुम्हारे उस बहु-बहुमूल्यसमय के
केवल कुछ क्षणों की अंशीदार होने के लिए
मैं क्यों
वर्ष-वर्षांतर तक तुम्हारी प्रतीक्षा करती हूं ?

मुझे ज्ञात है कि
मेरी इच्छाओं का
कोई मूल्य नहीं था

तुम्हारे लिए
इसीलिए
मैं यह भी प्रश्न करती हूं स्वयं से
कि मुझे पल-पल टूटते देख
तुम्हारे भीतर
कुछ भी क्यों नहीं टूटा
अर्जुन ?
लोग प्रत्यक्ष में कुछ नहीं कहते—
वे धर्मराज युधिष्ठिर की प्रजा हैं
लोग प्रत्यक्ष में कुछ नहीं कहते—
वे महाबली भीम द्वारा रक्षित नगरी की प्रजा हैं
लोग प्रत्यक्ष में कुछ नहीं कहते—
वे चातुर्दिक राज्यों के विजयी
सव्यसाची धनुर्धर अर्जुन द्वारा विस्तारित साम्राज्य
की प्रजा हैं

लोग प्रत्यक्ष में कुछ नहीं कहते—
वे मातृ-पितृविहीन
किंतु विमाताकुंती द्वारा
पुत्रवत-पालित
अश्वचपल और भविश्यांक गणक
नकुल सहदेव के अग्रज के राज्य की
राजाविहीन प्रजा हैं

लोग प्रत्यक्ष में कुछ नहीं कहते
अर्जुन
किंतु उनके नेत्रों में
मैंने यह प्रश्न पढ़ा है
और पूछा भी है स्वयं से

कि यदि तुम्हारी प्रजाओं में से कोई जन
माता कुंती
अथवा धर्मराज
अथवा तुम अन्य सभी भाइयों के
सम्मुख
कभी यह प्रश्न लेकर आता कि वह
तुम्हारी ही भांति
अपनी पत्नी को अपने
सभी भ्राताओं अथवा मित्रों की
सहचरी और अंकशायिनी बनाना
चाहता है
महाराज कृपाकर
आशीर्वाद दें
तब भी क्या माता उतने ही सहज मन से
आशीवर्चन कहतीं
अथवा सौभाग्यकांक्षिणी वह नारी भी
गुरुजनों द्वारा
मेरी ही भांति
सती कहलाती ?

मैं प्रश्न करती हूं स्वयं से
अब कई बार
अर्जुन
कि कर्ण के मुख से
'वारांगना' संबोधन सुनने के बाद
मेरा वह तिलमिलाना
मेरे अंतर्मन में कुंडली मारकर
छिपे हुए बैठे
किसी अपराध-बोध का

परिणाम था
अथवा अब तक जो कुछ
मैं करती आयी थी
उस सत्य को प्रत्यक्ष में सुनने की प्रतिक्रिया ?

तुमने तो अनेक देशों का भ्रमण
किया है
अर्जुन
तनिक बताओ तो
नगर की अट्टालिकाओं के झरोखों में से
झांकती
जाने कितने पुरुषों की मर्मव्यथा को
सहलाती
वह नारी
वारांगना क्यों है
और पांच पुरुषों में
स्वयं को बांटने वाली
धर्मराज युधिष्ठिरादि पांच पतियों की
अंकशायिनी द्रौपदी
मैं
कुलवधू क्यों कहलाती हूं ?

झेल रही हूं मैं अपनी पीड़ा
प्रिय
एकाकी ही
तुम जैसे धनुर्धारी की प्रेयसी होने के उपरांत भी
क्योंकि तुम्हारे बाण
केवल घाव देना ही जानते हैं
उन पर मरहम लगाना नहीं

जानते होते
तो
मेरी अबूझ जिज्ञासाओं का
शमन किया होता
अथवा कभी तो
मेरे व्यथित हृदय की पीड़ा समझ
मेरा हाथ थाम
माता अथवा भाइयों के सम्मुख
विद्रोह का मौन-प्रदर्शन ही किया होता !

नहीं धनंजय
तुम चतुर्दिशाओं के राज्यों के विजेता
हो सकते हो
अपने ही द्वारा
स्वयंवर में जीती गयी द्रौपदी के
मन को पुनर्विजित नहीं कर सकते

मैं अपनी संपूर्ण व्यथा
और साथ ही साथ प्रेम की
अतल गहराईयों में उतरने के बाद
पहले ही दिवस की भांति
आज भी स्वयं से प्रश्न करती हूं
कि कृष्ण मेरे सखा हैं
और कृष्ण-सखा तुम—
मेरे हृदयेश्वर
फिर भी मेरे हृदय का यह हाहाकार
अशमित क्यों है
और मेरे सारे के सारे प्रश्न
इतने वर्षों से अनुत्तरित क्यों हैं ?

और तब भी क्या
तुम मेरे प्रश्नों को इसी भांति अनुत्तरित रहने देते
यदि यह पता न होता कि मैं
वर्ष-वर्षांतरों के पश्चात् भी
तुम्हारे उत्तर को जाने बिना भी
अपने मन से
बहुत भीतर अपने मन से
तुम्हें प्रेम करती हूं।

भीम

पांचाली
प्रिये
तुम्हारा यह मेरे प्रति
कैसा तो प्रेम है
कि तुम मुझे सदैव
अर्जुन को स्मरण करने के पश्चात् ही
स्मरण करती हो

तुम मुझे स्मरण करती हो
उसकी अनुपस्थिति में
उसके और निकट जाने के लिए
उसकी स्मृति को
मेरे साथ
बांटने के लिए
उसके शौर्य की अनुभूति को
मेरे माध्यम से देख पाने के लिए।

पांचाली
मैं तुम्हारे लिए
अभाव की स्थिति में
सामने पड़ गया

दूसरी श्रेणी का अवलंब हूं
और प्रिये
मेरा यह तुम्हारे प्रति
कैसा तो प्रेम है
कि दूसरी श्रेणी का अवलंब हूं
यह जानने पर भी
मैं तुमसे प्रेम ही करता हूं
तुममें डूब जाना चाहता हूं
तुममें लीन हो जाना चाहता हूं
संभवतः
यही अंतर
हम दोनों के भावाभाव का है
मन से
तुम अर्जुन की हो
और अर्जुन का मन
अन्य भी कई
कलियों में
रमण करता है

मन से मैं तुम्हारा हूं
और तुम्हारा मन
अर्जुन की छाया तक के साथ
भ्रमण करता है
पांचाली
यह कैसी तो विंडबना है
कि बाल्यावस्था से लेकर
अब तक
मैं सभी के लिए
दूसरी पुकार ही रहा हूं

भ्राता युधिष्ठिर—
माता कुंती की प्रथम संतति
ज्येष्ठ पुत्र
हृदय की कोमल तार
अर्जुन—
उनकी कनिष्ठ संतान
मन का मृदुल संवेग
नकुल-सहदेव
माता माद्री के स्मृति चिह्न
माता कुंती के अहं की तुष्टि
उनके अतीत का दुलार
मैं तो
सदैव ही पीछे रहा हूं
पांचाली
मेरे भाग्य का स्नेह
न जाने क्यों
मुझ तक पहुंचने से पहले ही
बंट जाता है
फिर भी
दूसरे स्थान पर ही सही
मेरा
और मृदुल संवेगों का
एक अटूट-सा नाता है

कोमलांगी
देखो
तुम्हारी इच्छा से
सुवर्ण कमल लाने के लिए
मैं यक्षों से भी युद्धरत हो गया हूं

तुम्हारे आंचल की लज्जा को
छुपाने के लिए
मैं दुर्योधन के वध
और दु:शासन की जंघा-भंग की
प्रतिज्ञा की अग्नि में
जल गया हूं
तुम्हारे केशों में स्नेह की
बूंद छुआने के लिए
मैंने आज भी
अपने क्रोध की ज्वाला को
शमित नहीं होने दिया
तुम्हारे प्रति
यह मेरा कैसा तो प्रेम है
कि तुम्हें ईर्ष्या की अग्नि में
तपाने के लिए
हिडिंबा का पाणिग्रहण भी कर लिया

किंतु, फिर भी पांचाली
तुम्हारे मन की सबसे ऊपर की परत पर
मेरा स्थान कहीं भी नहीं है
दूसरा ही सही
इसी से प्रसन्न हूं
कि कहीं तो हूं
मैं तुम्हारे निकट

जब-जब भी
मैंने बीच रात्रि में
तुम्हें कुटिया के आस-पास
घूमते देखा है

जब भी मैंने बीच रात्रि में
तुम्हें
वृक्षों की पत्तियों को
अजाने में स्पर्श करते हुए
देखा है
भोर होने पर
पक्षियों के रव को
कानों में घोलते देखा है
जब भी देखा है मैंने तुम्हें
चंपे का पुष्प सूंघते हुए
या फिर जवा कुसुम की
वेणी गूंथते हुए
मैंने देखा है तुम्हारे हाथों को
सहसा
केशों तक जाते हुए
अचकचा कर
पलकों का बादल उठाते हुए
मैं समझ गया हूं
कि तुम अर्जुन में खोयी हो,
उसकी स्मृति तुम्हारे मन को
चतुर्दिक घेरे है
तुम उसमें डूबी हो
ऐसे में अनेकशः
मेरी
तुम्हें स्वप्नलोक से
वापस लौटा लाने की इच्छा हुई है
लेकिन पांचाली,
मैंने तुम्हें
तुम्हारे स्वप्न में ही खोया

रहने दिया है
यही सोचकर प्रसन्न हुआ हूं
कि कम से कम
तुम तो किसी का प्रथम स्पर्श हो
पहली इच्छा
वहां अर्जुन भी तो तुम्हारी ही स्मृति में
खोया होगा
तब मुझे आभास हुआ है
कि
प्रियजनों के निकट
सबसे निकट—
चाहे स्वप्न में ही सही—
होने का अर्थ क्या होता है

मेरा तो पूरा जीवन
अनुसरण ही करने में
व्यतीत हो गया पांचाली
कभी माता की आज्ञा का
तो कभी भ्राता युधिष्ठिर का
उनसे पूछने की इच्छा भी होती है
कि क्यों मैं आज्ञा मानूं
सदैव गुरुजनों की
मेरी अपनी इच्छाओं का
मूल्य
क्या कुछ भी नहीं ?

पूछना चाहता हूं
विशेषतः भ्राता युधिष्ठिर से
कि उन्होंने

आदेश देने के अतिरिक्त
उपदेश देने के अतिरिक्त
जीवन में और क्या किया
किसी की रक्षा भी नहीं कर सकते वह
उनका धर्माचरण
सत्य-संभाषण उनका
मुझे कोई आश्वासन नहीं देता
प्रतिदिन
अनुजों से चरण स्पर्श करवाते
वह स्वयं को
संभवतः
पूजा की मूर्ति समझने लगे हैं
खो चुकी है उनकी कर्म करने की
किसी का संबल बनने की शक्ति
बाल्यकाल से ही
फिर भी माता के हृदय में
सबसे पहला स्थान
उन्हीं का क्यों है पांचाली ?

अर्जुन गया है
सुदूर
पुनः
किसी यात्रा पर
कुछ और उपलब्धियों को
अपने लेख में जोड़ने
कुछ और स्त्रियां
कुछ और शस्त्रास्त्र
थोड़ा और वैभव
वह नहीं जानता पांचाली

कि उसकी सबसे बहुमूल्य
निधि
तो यहां है
वन में
जो पारिजात के पुष्पों का
झरना देखती रहती है
पांचाली,
फिर भी तुम्हारी दृष्टि है
कि उसी की प्रतीक्षा में
बंधी रहती है
मैं तो सदैव पीछे ही रहा हूं प्रिये
किंतु कहो यह आज
कि तुम्हारे हृदय में
पीछे से भी प्रवेश कर पाने का
कोई मार्ग है ?

यहां से उत्तरायण की
यात्रा प्रारंभ होती है।

कर्ण

तुमने
मुझे मेरा परिचय दिया भी
तो किस समय
माता
जब मैं अपने परिचयविहीन जीवन की
सारी घड़ियां
पीछे छोड़ आया हूं
कुछ ही पल शेष हैं
कदाचित्
मेरे पास
पिता सूर्य की रश्मियों में से
एक रश्मि बन जाने में

वर्षों
गंगा के जल में खड़े रहकर
मैंने बारंबार
उन्हें अर्ध्य दिया है
बिना उनके और अपने बीच की
कड़ी को जाने

बिना जाने
कि मैं उनका ही अर्घ्य हूं
तुमने
मुझे मेरा परिचय दिया भी
तो किस समय
माता
जब मेरे जीवन की अर्घ्यांजलि
बिखर जाने को है ?

मैं तो पिता अधिरथ की संतान हूं
जिन्होंने
मुझे वायुवेग से रथ को चलाना
सिखाया है
राधा मां का
पुत्र हूं मैं
जिसने मुझे अजाने ही
सूर्यदेव को अर्घ्य चढ़ाना सिखाया है
उन्हें कहां ज्ञात था
मेरा परिचय
अन्यथा मैं तो
पिता सूर्य के रथ का
अश्व बन सकता था
अश्वनदी के वेग में बहकर आया मैं
दिवस और रात्रि के बीच का
एक पल बन सकता था

तुमने अपनी लज्जा को
ढांपने के लिए
मुझे त्यागा माता

तो अब
तुम्हारे कुटुंब की लज्जा
मेरी लज्जा क्यों हो ?
क्यों हो उसकी पराजय
मेरी पराजय
उसकी विजय
मेरी विजय क्यों हो ?
मेरी लज्जा
मेरी ख्याति
मेरा सम्मान
सब कुछ राधा मां और पिता अधिरथ से हैं
मैं उनकी परंपराओं का निर्वाह करके
लज्जित नहीं हूं
उसमें तो सभी कुछ
उद्घाटित ही है माता
मैं किसे ढांपने के लिए
तुम्हारी संकुचित लज्जा
और मर्यादा को
अपनी मर्यादा बनाऊं ?

मैं तुम्हें प्रिय नहीं था माता
सबसे बड़ा पुत्र होने पर भी नहीं
विमाता माद्री के पुत्रों जितना भी नहीं
छोटे अर्जुन जितना भी नहीं
अन्यथा युधिष्ठिर के जन्म से पहले ही
तुम महाराज पांडु को
कम से कम मेरे नाम से अवगत
करा सकती थीं
किंतु तुमने ऐसा नहीं किया

मैं तुम्हारी लज्जा का ही कारण
बना रहा
बना रहा मैं पाप ही तुम्हारे लिए
फिर तुम्हारे पास मेरे लौटने में
जीवन भर के संचित तुम्हारे
तथाकथित पुण्यों का क्षय क्यों हो ?
और तुम्हारे पास लौटना
मेरी विवशता,
मेरा परिचय क्यों हो ?
मेरा परिचय तो पाप उस दिन भी था
माता
जब तुमने मुझे जलार्पित किया था
और पाप
आज भी है

यह सत्य
कि मैं उनकी माता के
पहले पाप की संतान हूं
क्या मुझे
तुम्हारे अन्य पुत्रों की दृष्टि में
ऊंचा उठा देगा ?
यह सत्य
कि मैं अर्जुन की माता के
पहले पाप की संतान हूं
क्या मुझे
द्रौपदी की दृष्टि में
सूतपुत्र के स्थान पर
कुंती-पुत्र बना देगा ?
अथवा

तुम्हारा पुत्र हूं
इस नाते
द्रौपदी को पत्नी रूप में स्वीकार करवा देगा
या
उस दिन कुरू सभा में मेरे द्वारा उच्चरित
'वारांगना' शब्द को 'कुलवधू' बना देगा ?

नहीं माता
मैं सूत पुत्र ही हूं
यही मेरा सत्य है
अंगराज बनने के पश्चात् भी
मैं सूतपुत्र ही रहा
'तुम्हारा पुत्र हूं'
जानने के पश्चात् भी
मेरी पहचान वही है
जो मैं नहीं था—
उसकी पहचान,
पहचान
उससे जनित अपमान की
उस अपमान के सत्य की पहचान
मेरा हृदय तो बारंबार
छलनी हुआ है माता
उस सत्य के दंश से
और मैंने
वर्ष-वर्षांतरों तक
उसकी कटुता को
गंगा के जल से धोने का
प्रयास किया है
जानती हो, किंतु, माता ?

सहस्रों पापियों की कलुषताओं को
अंगीकार कर लेने वाली
पावनी गंगा भी
मेरे मन की कटुता को
पोंछ डालने में असमर्थ रही है

कभी-कभी
अपने अपरिचय की चुभन
मुझे गंगापुत्र भीष्म के
बहुत निकट ले जाती है
उनकी धवल दाढ़ी के बाल
कटि तक पहुंचते
जल को स्पर्श करते हुए
गंगा की धारा के बीच
उनकी व्यथा-कथा कहते हैं

कुरुवंश का
सबसे ऊंचे कद का व्यक्ति
अपनी
स्वयं की संततिहीनता के कारण
मित्र दुर्योधन का पितामह
और अंधे महाराज धृतराष्ट्र का तातश्री कहलाए
जाने को
विवश है
क्योंकि
स्वयं अपने पुत्रों और पौत्रों द्वारा
परिचय पाने की स्थिति को तो
उन्होंने
कुरूवंश को अर्पित कर दिया है
कर दिया है अर्पित अपने पूर्वजों के स्वार्थों को

तब मुझे भी तुमने अपनी मर्यादा के स्वार्थ को
अर्पित कर दिया
तो उसमें नया क्या है माता ?
क्या तुमने कभी सोचा है
कि यदि
गंगापुत्र की
वास्तव में अपनी कोई संतान होती
तो न यह युधिष्ठिर होता
न होता दुर्योधन
न ही वह अर्जुन
जिसके कारण
आज तुम मुझे
मेरा परिचय देने आयी हो !

पिता अधिरथ और मां राधा का
पुत्र हूं—
इसके अतिरिक्त मेरी अपनी कोई
अस्मिता नहीं है
यूं मैंने द्रौपदी की दृष्टि में अवश्य
अपने लिए
स्नेह का एक बिंदु
खोजने का प्रयत्न किया
और मुझे खेद है माता
कि वह असफल प्रेम
प्रतिक्रिया बन
कुरू सभा में
'वारांगना' शब्द बन
मुखरित हुआ

मेरी अपनी कोई अस्मिता नहीं है,
मैंने द्रौपदी-सखा कृष्ण की दृष्टि में अवश्य
अपने लिए
आर्द्रता का एक कण
ढूंढ़ने का यत्न किया
मुझे यह भी खेद है माता
कि उनके प्रति वह आदर
कभी मुखर रूप से
व्यक्त नहीं हुआ

और तो मेरा कोई भी
परिचय नहीं है इसके अतिरिक्त
माता
जीवन भर अपना परिचय पाने की यात्रा में
मैं भटक गया हूं
इतना
कि अब इस यात्रा का
उद्देश्य ही भूल गया हूं

आज इस मोड़ पर
जब तुम मुझे
अपना नाम देने आयी हो
तो मेरे लिए
किसी भी नाम का
कोई भी अर्थ नहीं रहा
यह तो संयोग था
कि तुम्हें इस क्षण
मेरे समीप आना था
और समीप आकर

मुझे तुम्हारे अपने सत्य से
अवगत कराना था
मुझे मुझ ही से
और दूर ले जाना था
किंतु,
मैं और नहीं जानना चाहता
सत्य
मेरा सत्य तो यह है
कि मैं अश्वनदी का वेग हूं
उसकी एक विस्थापित
लहर हूं
मैं नहीं हूं किनारा
मैं केवल मझधार हूं
तुमने मेरा परित्याग किया
केवल इस कारण
मैं तुमसे घृणा नहीं कर सकता

मैं तुमसे प्रेम भी नहीं कर सकता
किंतु,
क्योंकि तुम्हारे ही कारण
मैं इस संसार के सत्य को
देख रहा हूं
अतः आभारी हूं।
जन्मा हूं तुमसे
तुम्हारा रुधिर
मेरी शिराओं में प्रवाहित है
तुमने सदैव भविष्य की ओर देखा
पुत्र हूं यदि तुम्हारा मैं
तो आगे बढ़ना ही

मेरा भी तो धर्म है
और
पीछे मुड़कर न देखना
मेरी नियति

अश्वनदी की धारा
पीछे छूट चुकी है
रजत पेटिका का स्मरण भी नहीं है मुझे
स्मरण है केवल
राधा मां का
अंगुली पकड़कर मुझे चलना सिखाना—
सिखाना, देना सूर्य को अर्घ्यांजलि
तुम्हारी कोख का वात्सल्य कैसा है
मुझे तनिक भी तो
स्मरण नहीं है
अतः
आज भी मुझे
परिचयविहीन ही रहने दो
मैं अश्वनदी का वेग हूं
मुझे बहता ही रहने दो।

भीष्म

वह
जो कभी अपना था ही नहीं
उसके खो जाने पर
दु:ख क्यों होता है ?

आम्र-वृक्ष का वृद्ध ठूंठ
अपनी मंजरी की सुगंध को स्मरण कर
अपने ही पत्रों के पाश में
बंध जाना चाहता है
पत्र अब हैं ही नहीं
झड़ चुके हैं
उनके झड़ने का दु:ख क्यों होता है ?
कल के फलदार वृक्ष का ठूंठ
अपने कवलित हो जाने की
प्रक्रिया में
उत्तरायण की प्रतीक्षा में लीन है

सूर्य के तेज से
माथे पर स्वेद-बिंदु उभर आते हैं
कभी-कभी कोई अनाम सैनिक
उन स्वेद-बिंदुओं को पोंछ डालता है
और पूछता है

'पितामह, पंखा कर दूं ?
बहुत कष्ट तो नहीं होता पितामह ?'

कुरूक्षेत्र की इस रणभूमि में
बाणों की शय्या पर लेटकर
उत्तरायण की प्रतीक्षा
जीवन का सबसे अधिक
भीषण कार्य होगा—
यदि यह जानता मैं
तो कदाचित् उस दिन
वह भीष्म प्रतिज्ञा न करता
सामान्य व्यक्ति की भांति
अनाम जीवन व्यतीत करता
सुख से मर सकता था
इच्छा मृत्यु के वर को
त्याग
मन पर बन आए घावों को
भर सकता था
कोई अनाम सैनिक
स्वेद-बिंदुओं के साथ ही
नेत्रों से ढुलक आए
अश्रुओं को भी
अपने उत्तरीय से पोंछ छालता है
और पूछता है,
'पितामह, बहुत कष्ट तो नहीं है ?
पंखा कर दूं ?'

मृत्यु की प्रतीक्षा
कितना बड़ा कष्ट है
उसे कैसे समझाऊं

उससे कहीं सरल है
पांडवों को आचार
और राजकार्य के संबंध में
समझाना
अतः
वही करता हूं
और यूं भी तो
पांडवों के अतिरिक्त
मेरी बात और कौन समझेगा ?

जब अपने चैतन्य मन से
समूची धरा को वर सकता था
अपने सबल कंधों पर
आकाश को धर सकता था
तब भी किसी और ने
नहीं समझी मेरी बात
धृतराष्ट्र, दुर्योधन ने नहीं
अंगराज कर्ण ने भी नहीं
आज मृत्यु के निकट जाते समय
मेरी अवरूद्ध वाणी को
अश्रुओं की भाषा को
कौन समझेगा?

अर्जुन का मुझ पर आदर है
मेरे अधरों को सूखा देख
उसने धरती के हृदय पर
एक बाण चलाया है
और मेरी प्यास बुझाने को
जल का एक सोता बह आया है

अर्जुन का मुझ पर आदर है
मुझे कष्ट में नहीं देख सकता
मेरे सिरहाने उसने बाणों का तकिया
बना दिया है

केशव
समीप ही खड़े हैं
और युधिष्ठिर को राजनीति का
पाठ पढ़ाने का आग्रह करते हैं
तुमने हे वासुदेव
संसार का सबसे चतुर राजनीतिज्ञ होने के
उपरांत भी
मुझसे राजनीति पर चर्चा करने को
क्यों कहा है,
क्या मैं समझता नहीं ?

वर्ष-वर्षांतरों तक
कुरू-परिवार का
हस्तिनापुर की सुरक्षा का भार
अपने कंधों पर उठानेवाला
मैं गंगापुत्र
जीवन के इन अंतिम क्षणों में
अपने कंधों का भार
बाणों की शय्या पर डाले हुए लेटा हूं—
इसकी पीड़ा कैसे सहूंगा,
इसी विचार से न केशव तुमने
मुझे राजनीति विषयक चर्चा
करने का आग्रह किया है ?
जीवन पर्यंत
सबको उनके हितों के संबंध में
समझाते रहने वाला
मैं गंगापुत्र
अब मृत्यु के निकट
अपनी वाणी के अवरुद्ध हो जाने पर
दुःख से न मरूं
इसी विचार से न
केशव तुमने
राजनीति पर चर्चा करने का
आग्रह किया है ?

मैं कह तो रहा हूं
केशव
धर्म की
दान की
समाज की

राजनीति की
संस्कार की बात
किंतु कृष्ण
आज हस्तिनापुर कहां है ?
कहां है हस्तिनापुर
जिसकी सुरक्षा का
मैंने पूज्य पिता को
वचन दिया था ?
माता सत्यवती के आग्रह पर भी
मैंने अपने परिवार पर
अपने ही द्वारा खींची सीमा का
अतिक्रमण नहीं किया था

कौन-सा हस्तिनापुर तुम्हें मिला है
युधिष्ठिर
राज्य करने को
वह हस्तिनापुर
जिसके राजभवन
अब राजभवन नहीं
उनके अवशेष हैं
जिसकी प्रजाएं
अब प्रजाएं नहीं
केवल
छायाएं हैं
हस्तिनापुर
जिसके मंदिरों के प्रांगणों में
बिखरी पड़ी हैं
टूटी हुई घंटियां
मूर्तियों के सम्मुख

नत होने वाले
मस्तक
अब कुरूक्षेत्र के मैदान में कट चुके हैं

तुम्हें किस राजनीति का
प्रवचन दूं मैं युधिष्ठिर
कि प्रजाविहीन
राज्य पर राज्य कैसे किया जाता है ?
कि अन्नधान्य से युक्त धरा को
रक्त से कैसे सींचा जाता है ?
तुम्हें कौन-सी कूटनीति का
प्रवचन दूं मैं युधिष्ठिर
कि महाभारत के बिना भी
साम्राज्यों को
कैसे जय किया जाता है ?

किंतु, महाभारत तो हो चुका युधिष्ठिर
उसी का परिणाम है
कि आज मैं
बाणों की इस शय्या पर
लेटा हुआ हूं
टूटे हुए ह्दय हैं
हस्तिनापुर के राजमुकुट से लेकर
द्वारकाधिपति का मोर मुकुट भी
टूटे हुए ह्दयों की ही गाथा कहता है
कितने-कितने घावों को झेलकर भी
नेत्र से अश्रु ही गिरते हैं
फिर नेत्र चाहे धृतराष्ट्र के हों
अथवा गांधारी के

तुम्हें कौन से समाज की निर्मिति का
आशीर्वाद दूं मैं युधिष्ठिर
द्रौपदी का खींचा जाता हुआ आंचल
मैंने भी तो देखा था
अपने इन्हीं नेत्रों से
उस दिन मैंने स्वयं ही तो,
एक अंधे साम्राज्य की नींव डाली थी!!

जिस साम्राज्य की परंपरा ही
अंधी हो जाए
व्यवहार द्वारा संचालित होने लगे
तो उस परंपरा का अंत
बाणों की शय्या पर ही होता है
युधिष्ठिर
फिर उसका नाम चाहे
भीष्म ही क्यों न हो !

रात्रि के समय जब तुम सब
सो जाते हो
और मैं यहां खुले नेत्रों से
आकाशीय नक्षत्रों की गणना करता हूं
तब अनेक बार
मेरे मन में यह विचार आता है
कि मैंने तो अपने पिता को
हस्तिनापुर की सेवा करने का वचन दिया था
फिर उस दिन
राज्य का विभाजन करते समय
मैंने पांडवों को खांडवप्रस्थ क्यों दिया
और यदि दिया भी

तो उसका नाम हस्तिनापुर क्यों नहीं रख दिया
और क्या मेरा वचन
केवल आधे हस्तिनापुर का हित था
पूरे का नहीं ?
यदि समूचा हस्तिनापुर मेरी,
प्रतिज्ञा से सुरक्षित था
तो क्यों नहीं मैंने पांडवों की ओर से
युद्ध किया
अथवा क्यों नहीं युद्ध में
तटस्थ रहना ही चुन लिया
मैं यही कहता हूं
कि प्रिय है मुझे अर्जुन
आडंबर है यह
यदि नहीं तो फिर क्यों
दुर्योधन का हस्तिनापुर हस्तिनापुर है
और अर्जुन का हस्तिनापुर
कुछ और ?

सत्य तो यह है युधिष्ठिर
कि हस्तिनापुर के समूचे विनाश तक ही
कदाचित् मैंने इसकी रक्षा करने का दायित्व
ओढ़ा था
अब जब उसमें शासन करने को कुछ भी नहीं
रहा
तब मैंने
उस दायित्व को
महाभारतीय युद्ध के बाणों की शय्या बनाकर
बिछा लिया है

और अब इन बचे-खुचे क्षणों में भी
उसी हस्तिनापुर के शेष हो जाने की प्रतीक्षा कर
रहा हूं

. अपने इस एकांत में
सत्य को उद्घाटित होते हुए जानने का कष्ट
नेत्रों से छलक आता है
और कभी-कभी कोई अनाम सैनिक
अपने उत्तरीय से
मेरे अश्रुओं को पोंछ डालता है
और पूछता है,
'पितामह, कोई कष्ट तो नहीं है ?'

यह हस्तिनापुर तो कभी मेरा था ही नहीं
केशव !
अब उसके शेष हो जाने पर
कष्ट क्यों होता है ?

धृतराष्ट्र

पुत्र देखने में कैसा होता है ?
कैसा होता है उसका मोह,
क्या वह भी दिखायी देता है ?
अथवा वह है वैसा कुछ
जो हृदय में धड़कता है
देह में रक्त-सा बहता है ?

क्या पुत्र का मोह
पांखुरी पर अंगुली के
स्पर्श सा होता है,
कोई मुझे समझाता क्यों नहीं ?

सभी मुझसे कहते हैं—
मैं पुत्र-मोह में ग्रस्त हूं
तातश्री, आचार्य द्रोण,
विदुर,
प्रजाजन
यहां तक कि कभी-कभी गांधारी भी

मैंने
सभी पिताओं को कहते हुए सुना है
कि उनके पुत्र
उनके नेत्रों की ज्योति हैं
किंतु मैंने तो दुर्योधन को कभी
देखा ही नहीं है
फिर ज्योति का रंग कैसा होता है
क्या दुर्योधन जैसा,
कोई मुझे बताता क्यों नहीं ?

क्या आप देख पाते हैं
पितामह शांतनु
मत्स्यगंधा सत्यवती के प्रति
अपने प्रेम की गाथा का अंत ?
प्रेम का वह रक्तबीज
कुरूक्षेत्र के युद्ध में
अंकुरित हुआ है।
मैं धृतराष्ट्र हूं
अंधा हूं
यद्यपि अंधेरे का रंग कैसा होता है
नहीं बता सकता
धृतराष्ट्र हूं
राष्ट्र क्या होता है
क्या होती है उसकी सीमा या परिधि
क्या होता है उसकी धरित्री का
सम्मान।
उसमें रहने वाले नर-नारियों की लज्जा
दु:शासन द्वारा द्रौपदी का अपमान

कैसा होता है,
कोई मुझे दिखाता क्यों नहीं ?
कैसे दिखाएं वे
आज भी
मेरे नेत्रों की ज्योति तो सरोवर के जल में
छिपी है।
मैंने अपने पुत्र को
केवल स्पर्श से जाना है
उसे केवल ध्वनि से समझा है
पदचाप से पहचाना है
उसे देखा तक नहीं
फिर भी हर कोई कहता है
कि मैं
दुर्योधन के मोह में ग्रस्त हूं
कैसे ग्रस्त हूं
कोई मुझे सुनाता क्यों नहीं ?
नहीं, सुनाता तो है
राज्य का प्रत्येक व्यक्ति
तातश्री से लेकर
राज्य के नन्हें-से बालक तक
राजभवन की भित्तियां
जैसे पुकार-पुकार कर
मेरे मोह की कथा ही कहती हैं
मुझे गांधारी के प्रेम-शब्दों से लेकर
कुंती की दबी-छिपी सिसकियों तक में
यही तो सुनायी देता है—
अपने मोहाविष्ट होने का उपालंभ
पितामह शांतनु
मैं तो तातश्री तथा आचार्यों की भांति

देख नहीं सकता
विदुर की भांति ज्ञानी, सुविज्ञ नहीं हूं मैं
किंतु इनमें से ही कोई
अथवा राज्य का कोई भी पिता
क्या मुझे यह बता सकता है
या फिर समझा सकता है
कि अपने पुत्र को छोड़कर
किसी दूसरे के पुत्र के मोह में
कैसे पड़ा जाता है ?

वे महान् होते हैं
जो अपना सर्वस्व
यहां तक कि
अपना निजीपन भी त्याग
दूसरों को देते हैं
वे सामान्य मनुष्य से
कहीं बहुत ऊपर होते हैं
किंतु मैं तो सामान्यता की श्रेणी से
नीचे से भी
नीचे की पंक्ति में हूं
नेत्रहीन हूं
देख नहीं सकता
फिर मुझसे यह समस्त राष्ट्र
महानता की अपेक्षा किसलिए करता है ?
अधिकारों को त्यागना
यदि इतना ही सरल है
तो फिर पितामह शांतनु
क्यों नहीं मातामही सत्यवती ने
आपसे विवाह करते समय

अपने पिता के अन्यायपूर्ण चातुर्य के
विरोध में
अपनी वाणी को
मुखरित किया
अथवा वह भी
अपने ही पुत्र को देखना चाहती थीं
सिंहासनारूढ़ ?

मेरी माता ने गर्भ में
मुझे धारण करते समय
अपने नेत्रों को बंद कर लिया था
तो क्या इसमें दोष मेरा था ?

मैं
नेत्रहीन जन्मा
मेरी अंधता का परिणाम है—
गांधारी
और हम दोनों की दृष्टिहीनता की परिणाम—
दुर्योधन
दु:शासन
तथा उसके अन्य सभी भाइयों की सेना
यह तो अभाव ज्योति का है
मेरे और गांधारी के लिए
बाह्य नेत्रों की
तथा मेरे पुत्रों के लिए
मन के
परिणाम है अंधकार
हस्तिनापुर में
राजभवन के भीतर और बाहर
अंधियारा ही अंधियारा है

इतना गहन
कि कभी-कभी
वह मेरे अंधे नेत्रों को भी दिखायी देने लगता है
यदिं ऐसे में
मेरे नेत्रों में
अपने पुत्रों के तेजस्वी होने का विचार
ज्योति बनकर जगमगाए
तो किसी को आश्चर्य क्यों होता है ?
मैं केवल सुन सकता हूं
अपने पुत्रों की पदचाप
पदचाप गांधारी की
तातश्री के आने की आहट
विदुर, आचार्य द्रोण
युधिष्ठिर
और उसके भाइयों का आना-जाना
यूं सुनायी देती है आहट, मुझे समय की भी
किंतु, उसे स्वीकार नहीं करना चाहता
मैं
दुःशासन द्वारा द्रौपदी का आंचल
खींचे जाते समय
मैं सुन रहा था उसकी करुणामयी पुकार
सुन रहा था मैं
दुर्योधन का आनंद से
उल्लसित स्वर
किंतु पुत्र
उस समय भी
मैं देख नहीं पाया तुम्हारा मुख
क्या उस पर मुस्कान थी ?
तुम्हारी मुस्कान को ही तो देखना चाहता हूं

मैं, पुत्र,
उसे अनुभव करना चाहता हूं
उसकी आर्द्रता में
भीग जाना चाहता हूं
इसीलिए तो जीवित हूं दुर्योधन
इतने आरोपों और लांछनों के
पश्चात् भी
मैं आनंद से उल्लसित
तुम्हारी मुस्कान को
देख भी नहीं पाया
तो जीवन व्यर्थ है
पुत्र !

तुम्हारे मोह में भी
मैं अंधा हूं
सभी तो कहते हैं यह
फिर अपने दृष्टिवान
होने का प्रमाण
मैं क्यों जुटाता हूं ?

यह सत्य है कि
द्रौपदी संबंध में
मेरी पुत्रवधू समान है
किंतु उसकी करुणा मेरे हृदय को
मथ नहीं डालती
और फिर
उसका भीगा स्वर
मेरे पुत्र के
आनंद से भीग आए स्वर से

कहीं अधिक भीगा हुआ तो नहीं है !
तुम मुस्कुराओ
पुत्र
तुम्हारे अधरों पर मुस्कुराहट की
एक रेखा देखने के लिए
तुम पर कितनी ही
द्रौपदियां न्यौछावर हैं
न्यौछावर हैं
तुम पर उसकी सिसकियां
तुम पर न्यौछावर
मेरे हृदय का आंदोलन
न्यौछावर है तुम पर
प्रजाओं की मुस्कान
तुम पर न्यौछावर
पुत्र
यह सारा हस्तिनापुर
क्योंकि मैं तो धृतराष्ट्र हूं
और तुम्हारे प्रेम में अंधा हूं!

दुर्योधन

मेरे पिता जन्मांध हैं
लोग कहते हैं
उनका विवेक भी
मेरे प्रेम में अंधा हो गया है
मेरी माता देख सकती थी
उसने मेरे पिता के प्रेम में
आंखों पर पट्टी बांध ली
मैं अंधे माता-पिता की संतान
जब अपनी बुद्धि और
चातुर्य से
माता-पिता की अंधता का
कलंक दूर करता हूं
तब सब लोग
मुझे विवेकहीन और
छली क्यों कहते हैं ?

सुना है
युग बीत गया
जब श्रवण कुमार
अपने माता-पिता के
अंधे नेत्रों की ज्योति बना था

सारा जग
उसकी यशोगाथा कहता है
फिर मैं
जब अपने माता-पिता को
राज्य का ऐश्वर्य भेंट करने का
पराक्रम करता हूं,
कुपुत्र क्यों कहलाता हूं ?
जबकि साम्राज्य को
शत्रु से लौटा लेना
सरल है
क्योंकि शत्रु पर छल-बल का प्रयोग
है धर्म
और अपने ही आत्मीयों से
अपना ही अधिकार
पा लेना
अति दुष्कर
क्योंकि उन पर,
पुष्पों से किया हुआ वार भी
पाषाण से अधिक प्रभावकारी होता है

और फिर
उन्हें कष्ट में देखकर
मेरे भीतर का मनुष्य भी तो
कभी-कभी रोता है।

किंतु, किसने माना मुझे
मनुष्य
सदा

मैं अपूर्व प्रेम
प्रदर्शन के उपरांत भी
सभी की दृष्टि में
तिरस्कार का पात्र था

कोई मुझे बताए तो
कि मेरे पिता जन्मांध थे
और माता उनके प्रेम में अंधी
और सामान्य माताओं की भांति
मेरी माता ने पिता की आंखें बनना स्वीकार न
करके
पुत्रों के प्रति भी
अपने दायित्वों से मुंह मोड़ लिया था
जब मैं बचपन भर
माता-पिता
के अंधेरों की छायाओं में
पलता रहा
और अब मैंने
यदि स्वयं ही
अपने नेत्रों की ज्योति बनने का
निर्णय लिया है
तो उसमें अनुचित
क्या है ?
क्या असामान्य है
किसी शिशु के बार-बार
गिरने के उपरांत भी
अपने पैरों-पैरों चलने का
प्रयास करने में

बारंबार
मुझ ही पर
लौट कैसे आते हैं ?

उस दिन द्रौपदी ने जब मुझे
'अंधे पिता की अंधी संतान'
कहा था
तब मैं तिलमिला क्यों गया था
और उससे पहले
जब अर्जुन ने
ब्राह्मण का वेश धरकर
द्रौपदी को छीन लिया था
स्वयंवर में
तब मैंने पराजय का अनुभव क्यों किया था ?
जब पितामह ने
मेरे बालमन की चिंता न करके
मेरी ही आंखों के सामने
अर्जुन को
गोदी में बिठाया था
तब उन्होंने सोचा था क्या
कि कभी मेरा मन भी
उनकी श्वेत दाढ़ी को
अपने नन्हें हाथों से
छूने को करता है ?
गुरु द्रोण ने जब
अपने गुरुत्व की महिमा को त्याग
अर्जुन को
अपना प्रिय शिष्य बनाया
तब भी मैंने
अपने मन की पीड़ा को

नेत्रों से छलक आने से
रोक लिया था।
मेरी बाल-सुलभ चंचलता भी
जब सभी को कुटिलता लगती है
मैंने तभी जान लिया
कि मेरी माता अकेली नहीं है
मेरे आस-पास
जितने भी दृष्टिवान हैं
उन सभी ने अपनी आंखों पर
पट्टी बांध रखी है
और मुझे स्वयं ही
अपनी अंगुली पकड़कर
स्वयं को राह सुझाना होगा
और स्वयं ही
अपने नेत्रों का अंजन बनकर
अपनी दृष्टि को
दूरगामी बनाना होगा।

बहुत बार
मुझे ईर्ष्या हो आती थी
नकुल और सहदेव से
जिनकी माता
उनके शैशव में ही छोड़
चली गयी थी
पिता भी नहीं थे जीवित
फिर भी उन्होंने
कभी माता और पिता के
स्नेह से
वंचित होने का दुःख
नहीं जाना

नहीं जाना उन्होंने
विमाता नाम के अर्थ को
जन्मदायी माता का दूध
जो उनके पिता की चिता पर
समर्पित हो सूख गया था
विमाता की छाती से
प्रेमवश उनके लिए
बार-बार छलक आता था
तब मुझे पीड़ा होती थी
अपने बचपन की स्मृति पर
मेरी कंजी आंखों में
देखते हुए
मेरी अपनी सगी माता ने
मुझे कभी नहीं दुलारा
सभी माताओं को उनके पुत्रों की भांति
स्वयं अपनी माता को
मैं कभी भी
संसार का सबसे सुंदर बालक
प्रतीत नहीं हुआ
क्योंकि उसने
देखा ही नहीं मुझे

माता
तुम्हारा अपनी आंखों पर
पट्टी डाल लेना
मेरा क्या कुछ छीन कर ले गया है
तुम्हें ज्ञात नहीं है
मेरे माथे पर
काजल का डिठौना

मेरे होठों की मुस्कान
मेरे नेत्रों से संकोच का आवरण
फिर उस दिन
यदि मैंने दुःशासन को अपने उन्हीं
लज्जाविहीन नेत्रों के साथ
द्रौपदी को विवस्त्र करने का
आदेश दिया था
तब उसमें
मेरा दोष क्या था ?
माता ! मुझे तो कभी भी तुमने उचित-अनुचित
का पाठ
पढ़ना
सिखाया ही नहीं
पिता रोते रहे
अपनी जन्मांधता का रोना
और मेरा बचपन भी
तुम्हारे प्रेम को आतुर
सिसकियां लेते-लेते
मुझसे विदा हो गया।

द्रौपदी !
जीवन के हर युद्ध में
पल-पल हारा हुआ
यह दुर्योधन
तुम्हारे मुख से
अपनी पराजय का वर्णन
कैसे सुनता
कि अंधे पिता का पुत्र भी अंधा ही
होता है?

क्या स्वयं अपनी पीड़ाएं
पर्याप्त नहीं थीं
मुझे अपनी लघुता का
आभास कराने के लिए
फिर
तुम अपना विवेक कहां खो बैठीं
देवी !
मेरे ही सम्मुख
तुमने मेरी लघुता का दर्पण
सजा कर रख दिया
मुझमें नहीं था साहस ही
एक और पराजय स्वीकार करने का
इसलिए तुम बलि चढ़ गयीं उस दिन,
कुल परंपरा द्वारा,
कुरू-सभा में,
मुझे प्राप्त अंधता की।

आज
जब मैं
कुरूक्षेत्र के निकट
इस सरोवर के जल को
माया से शांत करके
उसमें छुपा बैठा
अपने अतीत में खोया हुआ हूं
तब तुमसे प्रार्थना करता हूं—
हे देवी !
संभव हो
तो मेरे अविवेक की अंधता को ही
तुम अपनी लज्जा को ढांपने का

आवरण मान लेना
मैं इस सरोवर के जल से
अपने अहंकार के कलुष को
धोने का प्रयास करूंगा।

तुम्हारे सखा
कृष्ण
यदि दयामय हैं
तो मुझ पर भी
कृपालु होंगे वे
मुझे भी विवेक का दान देंगे वे
और मैं भी सुपथ पर चला आऊंगा
अन्यथा
विवेकहीन मर्यादाओं को
सारे जीवन में पहली बार जन्मे
एक सुविचार की रेखा का
उल्लंघन करने में कितना समय लगता है !
मैं एक बार पुनः
तुम्हारी दृष्टि में
गिर जाऊंगा,
सरोवर का जल
ऊपर से शांत है द्रौपदी
भीतर मेरा मन
धू-धूकर
जल रहा है।

दुर्वासा

इस बृहद् कथा के अंतिम अध्याय का
मध्य पृष्ठ भी
मैंने ही लिखा था
जिसके प्रथम अध्याय के
प्रथम पृष्ठ की
प्रथम पंक्ति
मैंने अपने हाथों से
उकेरी थी
अपने ही नेत्रों से
देख रहा हूं मैं
जलते हुए इतिहास की
अनेकानेक चिताएं
उस इतिहास का
बीजारोपण भी
मेरे हाथों संपन्न हुआ था
मैं ही तो दायी हूं
कृष्ण
अश्रुओं की निःशब्द आह का
जीवन और मृत्यु के इस अनंत संग्राम में
थम गये समय के प्रवाह का

अपने-अपने प्रियजनों के शवों को
पहचानतीं
वीर पत्नियां
थक कर चूर हुए अश्वशाला के अश्व
रूधिर जिनके माथे से फूटता है
ऐसे हस्तिन
चक्र जिनके फंस गये हैं
रणभूमि के पंक में,
वे टूटे हुए रथ
यहां वहां बिखरे पड़े राजमुकुट,
कवच
क्रंदन करते पितृविहीन बालक
कर्ण का दर्पयुक्त कटा हुआ मस्तक
द्रोण का अश्वत्थामा के वियोग में देहत्याग
अभिमन्यु की
यौवन के उत्साह-जनित मृत्यु
अश्वत्थामा का पागलों की भांति
घूमना
खाली पड़े शिविर
गांधारी की पट्टी बंधी आंखों से
अश्रुपात
गिद्धों द्वारा नोचा जाता
दुर्योधन का क्षत-विक्षत शरीर
रक्त में सने
द्रौपदी के केश
उत्तरायण की प्रतीक्षा में
देह त्यागने को आतुर
गंगापुत्र
अट्ठारह दिन की इस विभीषिका के

पश्चात्
इस बृहद्-कथा के
प्रथम और अंतिम अध्यायों के
पृष्ठों का
नियंता
मैं भी
स्वयं से प्रश्न कर रहा हूं
कि क्या महाभारतीय इतिहास की
रचना में
मुझसे कोई भूल हुई ?
अथवा मैं ही दायी हूं
हे कृष्ण
इस सारे महासंग्राम का
जिसके संबंध में तुमने
अर्जुन को समझाया था

कि सब योगक्षेम
तुम्हीं से है
तुम्हीं मरते हो
तुम्हीं लेते हो जन्म
बारंबार।

नहीं कृष्ण !
मैं दुर्वासा
महासंग्राम की विभीषिका को
साक्षी मानकर कहता हूं
कि वर्षों पूर्व यदि मैंने
प्रेम में सब कुछ भूल गयी

कोमलांगी शकुंतला को
मेरी सेवा भी भूल जाने के अपराध में
प्रेमी द्वारा
उसे भूल जाने का शाप न दिया होता
तो न होता यह शापित
भरत-वंश
न होते शांतनु, प्रेम में उन्मत्त
न होते भीष्म, भीष्म
न होते अंधे-धृतराष्ट्र
या पांडु-पीतवर्ण
पीढ़िया शापित थीं
मेरे कोप से।

कृष्ण !
महासंग्राम की
इस समस्त विभीषिका को
साक्षी मानकर मैं कहता हूं
कि वर्षों पूर्व
यदि मैंने
तरूणी कुंती को
सब कुछ भूलकर
केवल मेरी सेवा करने के पुरस्कार में
देवताओं को आहूत कर
उनके समागम द्वारा
संतति उत्पन्न करने का
वरदान न दिया होता
तो भी यह युद्ध न हुआ होता
पीढ़िया धन्य हो सकती थीं
मेरे वरदान से

कृष्ण !
तुम किसके योगक्षेम को धारण करने का
अभिमान करते हो ?
मेरा शाप
कुरूक्षेत्र के संग्राम का कारण है
और मेरा वरदान भी।
अर्जुन को
तुम्हारा
गीता का उपदेश सुनाना
न सुनाना
क्या अर्थ रखता है ?

तब इतिहास के सारे पृष्ठों पर
मैं अपने हस्ताक्षर कर चुका था
युद्ध तो होता ही
कृष्ण !
किंतु
मैं दुर्वासा
आज यह स्पष्ट देख रहा हूं—
मेरा क्रोध विनाशकारी है।
और मेरी प्रसन्नता का परिणाम भी
विनाश ही है

तब क्या मुझसे ही
अपने मन के भावों को परखने में
कोई भूल हुई ?

बताओ कृष्ण,
यदि मैंने शकुंतला को शाप

और कुंती को वर
न दिया होता
तब भी क्या हस्तिनापुर, हस्तिनापुर
और कुरूक्षेत्र, कुरूक्षेत्र होता ?
कैसे रची जाती तुम्हारी गीता
कैसे दिखाते
अर्जुन को तुम
अपना बृहद् रूप ?

प्रणाम नहीं करोगे तुम मुझे
कृष्ण ?
मैं ही तुम्हारी समस्त
महत्ता का कारण हूं।

यह कैसा आंदोलन
चल रहा है मेरे भीतर
मन तरंगित होता है
कभी थककर शांत
नेत्र कभी खुलते हैं—
निरभ्र आकाश की नीलिमा को
पलकों के पीछे
समोकर
बंद हो जाते हैं
कभी विस्फरित से
शून्य में धधकती चिताओं की लपटों को
उन्मादित, देखते रह जाते हैं
कानों के पर्दे फट जाएंगे
आशंका है, करुणामय क्रंदन के स्वर से
प्रतीत होता है—एक क्षण

दूसरे ही क्षण
मुरली की मधुर तान
सुनायी देने लगती है
मन पर
एक असीम शांति
छा जाती है।

मैं तुम्हारी मुस्कान का अर्थ
बहुत समझता हूं
कृष्ण !
मुझे तुम अपनी
सम्मोहिनी के जाल में
नहीं बांध पाओगे
तुम भी थक गये हो
कृष्ण !
तुम्हारी सम्मोहिनी मुस्कान भी
थक गयी है
किंतु मैं,
मैं भी तो थक गया हूं आज
क्या मुझसे कुछ कहना चाहते हो ?
मुझे ही दोष दोगे सारा ?
अन्यथा क्या तुम भी नहीं चाहते थे
युद्ध ? युग की समाप्ति के लिए ?
युद्धोपरांत,
बिना गांधारी के शाप के,
तुम भी तो कैसे त्यागोगे
अपनी देह ?
इसलिए यह युद्ध हुआ

और तुमने अहं की तुष्टि के लिए
युद्ध को सर्वथा उचित बता
उसे धर्मयुद्ध का नाम दे दिया।

किंतु, यह तो बताओ
कि क्या, धर्मयुद्ध
युद्ध नहीं होता ?
क्या धर्मयुद्ध की विभीषिका
किसी अन्य युद्ध से कम होती है ?
क्या नहीं पूछता
ललनाओं के मस्तक का टीका
शिशु भूख से रोना बंद कर देते हैं ?
धर्मयुद्ध के पश्चात्
क्या उसकी छाया
काली नहीं
श्वेत होती है ?
मैं कुछ नहीं समझता
कृष्ण !
मैं तो कभी
क्रोधी
कभी उत्साही
कभी तुम्हें प्रसन्न करने को उन्मुख
कभी तुम्हारी भी परीक्षा लेने को आतुर
कभी शमित और कभी परितृप्त
दुर्वासा हूं
मेरे केवल एक प्रश्न का उत्तर दो कृष्ण !
यदि जो कुछ हुआ है
उसके होने का कारण

मैं नहीं हूं,
तो फिर जो कुछ हुआ है
उसके न होने का कारण तुम क्यों नहीं हो ?

छा रहा है आकाश में
तुम्हारे शरीर का नीलापन
बैठ जाओ कृष्णा,
आज तुम भी सुनो
दिशाओं में वंशी का स्वर गूंज रहा है
कदाचित् कृष्ण कुछ कहेंगे
वर्षों के पश्चात्
आज उन्होंने
पुनः बांसुरी उठायी है !

विदुर

मैं भी रक्षा करने में असमर्थ रहा
हस्तिनापुर की
अपनी कुशल राजनीति
वाक्पटुता और बुद्धिमता की सीढ़ियों को
कांपते हाथों से पकड़े
मैं
हस्तिनापुर की भित्तियों का
टूटकर गिरना देखता रहा
एक सुदृढ़ राज्य के उत्कर्ष
और फिर उत्तरोत्तर उत्कर्ष
फिर चरमराकर टूट जाने के क्रम का
तातश्री के ललाट पर
उनके जीवन-सूर्य की भांति
उत्तरायण की ओर अग्रसर होना
देखता रहा।

जिस साम्राज्य को चहुं दिशाओं से
शत्रु मुक्त करने का वचन उन्होंने
दिया था
और पिता से इच्छा मृत्यु का वर
प्राप्त किया था

उस साम्राज्य की समस्त दिशाएं
वास्तव में ही
शत्रु-रहित हो चुकी हैं
चारों ओर
शत्रुओं के साथ-साथ
मित्रों की भी मृत्यु की
नि:शब्दता है
यद्यपि
संभव नहीं है
प्रियजन और इतर पक्ष की मृत्यु की
नि:शब्दता के बीच अंतर कर पाना
फिर मेरा शास्त्र-ज्ञान भी
ऐसे में तनिक
अशक्तता का
अनुभव करता है

वासुदेव कहते हैं
यह युद्ध असत्य पर सत्य का है

आज उन्हीं के समक्ष
स्वीकारना चाहता हूं
अपने जीवन का सबसे बड़ा सत्य
और वही तो वास्तविक सत्य है
मेरा—
जिससे कर्ण के सत्य की भांति
मैं भी कभी विलग नहीं हो पाया
कि मैं पुत्र हूं
हस्तिनापुर प्रासाद की एक दासी का
कृष्ण द्वैपायन व्यास

मेरे पिता हैं तो क्या
इस सत्य को मैंने
कभी भी स्वयं से विलग होने ही नहीं दिया
अन्यथा मैं भी तो
साम्राज्य का राजमुकुट
अपने शीश पर धर सकता था
और सचमुच नहीं
तो कम से कम
उसे अपने सिर धरने का
एक स्वप्न ही
अपनी आंखों में भर सकता था

वासुदेव, सत्य तो अभिशाप है
मेरे लिए, जिसे मैंने नेत्रों से
बिना एक भी अश्रु ढुलकाए
स्वीकार कर लिया

कर्ण के लिए
जिसने आजीवन सत्य की तलाश की
और अंतिम समय में
उसका परिचय पाते ही
उससे अपना नाता ही तोड़ लिया
कुंती के लिए भी तो
अभिशाप था उसको दुर्वासा का दिया हुआ
पहला सत्य
द्रोण को द्रुपद की निष्ठुरता
अश्वत्थामा को जल में घोली गयी
आस का सत्य
द्रौपदी को पांच पतियों की

पत्नी होने का सत्य
सत्य अर्जुन के प्रति
उसके किंचित अधिक प्रेम का
सत्य
भ्राता धृतराष्ट्र के पुत्र प्रेम का
हुआ अभिशाप
और दुर्योधन का प्रेम राज्य के प्रति

सब ही तो सत्य हैं
किंतु अभिशाप अपने-अपने
कर्ताओं के लिए
वासुदेव
युद्ध की विभीषिका
और उसका यह दारुण अंत
कितना बड़ा सत्य है
और अभिशाप भी है उन सबके लिए
जो हुए वीरगति को प्राप्त
अथवा वे भी जो जीवित हैं
अभिशाप है
तातश्री का मौन
शरशैय्या पर नक्षत्रों की गति मापना
और क्रमशः उत्तरायण में
महाप्रयाण ।

वासुदेव
यह कौन से असत्य पर
किस सत्य की विजय है
क्या इसकी पीड़ा तातश्री के अश्रुओं की
पीड़ा से कुछ कम है

अथवा
कवच कुंडलों को इंद्र को दान में देने के उपरांत
कर्ण के मुख पर उभर आए अभिमान के
सुख से कुछ अधिक है
सुखपूर्ण ?

मेरी समस्त बुद्धिमत्ता और विवेक
इसका विश्लेषण कर पाने में
असमर्थ हैं वासुदेव !
जब कुछ बचा ही नहीं पाये तुम
हस्तिनापुर के अवशेष तक भी नहीं
भ्रातृ पत्नी गांधारी के अश्रुओं का
मान भी नहीं
भ्राता धृतराष्ट्र की अंधी आंखों का
अनंत अधिकार भी नहीं
तब द्रौपदी के खुले केशों की अंततः
गुंथ गयी वेणी की पीड़ा भी
तुम नहीं समझोगे
क्योंकि अर्जुन को दिये गये
तुम्हारे उपदेश के अनुसार
तुम ही पीड़ा हो
और तुम ही पीड़ा का निवारण भी हो—
यदि यह सत्य है, तो होगा,
किंतु,
जिस समय शूल मेरे हृदय में
चुभता है
उस समय उसकी चुभन का
अनुभव तुम्हें होता है तो
होगा,

मुझे भी तो होता है !
अंतिम समय में कर्ण के टूटे हुए स्वर्ण के दांत
में से बहता हुआ रक्त का
सोता तुम्हारे ही दांत से यदि बहता है
तो होगा,
किंतु उसके कुरूक्षेत्र की मिट्टी में
कीचड़ बन जाने का अनुभव
कर्ण को भी तो होता है !
मैं तुम्हें प्रणाम करता हूं
वासुदेव !
क्योंकि अट्ठारह दिन की
दारुण विभीषिका के पश्चात्
मैं विदुर
अपने समस्त ज्ञान को संचित कर भी
तुम्हारे द्वारा निर्धारित सत्य का
तुम्हारे ही द्वारा निर्धारित असत्य पर
तुम्हारे द्वारा निश्चित धर्म का
तुम्हारे ही द्वारा निश्चित अधर्म का
विजय कर्म
और उसपर विजय का औचित्य
ढूंढ़ पाने में असमर्थ हूं।

तुम पर मेरी आस्था
नहीं डगमगायी है
वासुदेव
किंतु मैं यह भी निश्चित नहीं कर पा रहा हूं
कि क्या मैंने
अपनी आस्था को
तुममें तिरोहित कर दिया है

और यदि नहीं
तो हस्तिनापुर की दासी माता का ही सही
किंतु, भगवान श्रीकृष्ण द्वैपायन व्यास का पुत्र
मैं
भी
हस्तिनापुर की रक्षा क्यों नहीं कर पाया ?
और तुम भी तो हस्तिनापुर को नहीं बचा पाए
भगवान वासुदेव !

गांधारी

तातश्री
क्या किसी पूर्व-जन्म में
आप मेरी मनोदशा का परिचय पा चुके थे,
यदि नहीं
तो फिर क्यों
कुरूवंश क़े नेत्रहीन राजपुत्र
धृतराष्ट्र के लिए
आपने गांधार-नरेश से
मेरा हाथ मांगा था ?

वह मेरे मन के किसी कोने में छुपी हुई
ग्रंथि ही तो थी
कि उस दिन
मैं अपनी स्वीकृति द्वारा
हस्तिनापुर के नेत्रसुख से विहीन
किंतु समृद्धि की गरिमा से युक्त
राजपुत्र को
और उनसे भी कहीं अधिक
तातश्री भीम
आपको
उपकृत करने का लोभ
संवरण नहीं कर पायी

आपकी प्रतिज्ञा भीष्म थी
तातश्री
अद्भुत थी वह
अनुपमेय थी
मेरा अपने नेत्रों पर पट्टी बांध लेना भी तो
भीष्म प्रतिज्ञाओं की तरह
उसी परंपरा का निर्वाह है !

सोचती हूं—
यदि मैंने वह भीषण व्रत न लिया होता
संसार को
अपने बंद नहीं खुले नेत्रों से देखा होता
दुर्योधन की आंखों में
स्नेह का कोई बीज बोया होता
तो क्यों उठती उसकी वह दृष्टि
उस कुरू सभागार में
एकवस्त्रा द्रौपदी के अंग-प्रत्यंग पर
कुदृष्टि के बाण से घायल द्रौपदी
उस दिन नेत्रों से अश्रु छलकाती
कैसे तो छटपटायी थी,
फिर भी
उसी रात
मेरे बंद नेत्रों पर
नींद उतर आयी थी !

कदाचित् मैं भी
तातश्री
अंबा की भांति
कहीं-न-कहीं

आपसे प्रतिकार को उद्यत थी
दृष्टिहहीन धृतराष्ट्र से विवाह के आमंत्रण का
प्रतिकार
हस्तिनापुर को ध्वस्त होते देखूं
कदाचित
मेरा भी उद्‌देश्य था
भ्राता शकुनि की भांति
शकुनि का था कुछ मुखर
और मेरा पट्‌टी बंधी आंखों के नीचे
अमर बेल सा
किंतु चुप-चाप फैलता हुआ
क्या आप जानते है।
तातश्री
कि पूरा का पूरा हस्तिनापुर साम्राज्य
जब जल रहा है
हो रहा है व्यतीत
तब मेरे मन में करुणा नहीं उपजती
क्षोभ नहीं होता
इतना सब कुछ होने पर भी
मन एक विचित्र आनंद से भर आता है
नेत्रों को बंद करने पर
मन की
आतंकित होने की क्षमता
अनेक गुणा बढ़ जाती है
तातश्री, यह मेरा प्रतिशोध
आपसे है !
आपसे है यह प्रतिशोध
तातश्री
अन्यथा

यदि उस दिन आपके निमंत्रण पर
मैंने हस्तिनापुर की महारानी बनना स्वीकार कर
अपने नेत्रों पर पट्टी न बांधी होती
तो आज
हस्तिनापुर में इतना
अंधकार न होता

यहां दो व्यक्ति नेत्रवान होते हुए भी
देखने में असमर्थ हैं
तातश्री, पहले हैं आप
जिन्होंने अपनी प्रतिज्ञा की आड़ में
समझते-बूझते हुए भी देखना और सुनना
छोड़ दिया है
और दूसरी मैं हूं
जिसने पति के प्रेम के बहाने
अपने दायित्वों से भी मुख मोड़ लिया है
हम दोनों ने ही
यदि अपनी-अपनी प्रतिज्ञाओं को
सम्मुख रख
जीवन-पथ सुगम न बनाया होता
और अपनी संतान को
सत्य की कांटों वाली
चुभन से भी परिचित कराया होता
और संसार केवल
राजभवन की भित्तियों के भीतर
पुष्प-शय्या-सा कोमल है—
यह न समझाया होता
तो यह अट्ठारह दिन का
सहस्रों को लील जाने वाला

युद्ध भी न हुआ होता
आप भी, हे आर्य
इस भांति
उत्तरायण की प्रतीक्षा में
गिद्धों-सियारों की अपशकुनी ध्वनियां
सुनते हुए
युद्ध-भूमि में बाणों की शय्या पर
अंतिम घड़ियां न गिन रहे होते

आपने भी तो आर्य
महानता की आड़ में
कहीं पिता शांतनु से
अपनी माता गंगा को भूल
सत्यवती के मोहपाश में बंध जाने के कारण
हस्तिनापुर के समूचे साम्राज्य के द्वारा
कौरव कुल के इस दुर्भाग्य के द्वारा
अपना प्रतिशोध तो नहीं लिया है ?
कहीं आपके अवचेतन में
भड़क रही है
वह अग्नि
जो आत्मसात कर जाना चाहती थी
अन्याय द्वारा जनित
यह पूरा वंश ?
अन्यथा
क्यों आप
पितृ भक्ति के नाम पर
प्रतिज्ञा करते वह भीषण ?

आप अभिशाप जी रहे हैं
तातश्री

इच्छामृत्यु
नहीं है वरदान
सारा यह कुरूवंश
अब शाप-मुक्त हुआ
अट्ठारह दिनों तक
धू-धूकर अपनी विकरालता को
प्रदर्शित करता हुआ अभिशाप
शाप-मुक्त हुआ है दुर्योधन
शाप-मुक्त हो रहे हैं आप भी
शाप-मुक्त हो चुके दोनों पक्षों के महान योद्धा
सभी तो वीरगति को पाकर
आकाशीय नक्षत्र बन रहे हैं
अब केवल एक व्यक्ति है
जिसे शापमुक्त होना बाकी है
उसके नेत्र जलते हैं
और बंद नेत्रों से ही मैं उनमें आंसुओं की
चुभन को
अनुभव करती हूं

अपनी आंखों पर बंधी पट्टी पर
मैं उसके खींचे जाते हुए
आंचल की नग्न ऊष्णता को महसूस करती हूं
यज्ञ की शिखाओं से जन्मी
याज्ञसेनी
अपने क्रोध की अग्नि में
स्वयं ही जली जाती है
पुत्रों की अभी ठंडी न हुई राख को
हाथों में भर कर भी
वह शाप-मुक्त कहां हुई है

तातश्री
उस दिन रात्रि के अंधेरे में
आपने ही तो
द्रौपदी को
अखंड सौभाग्यवती होने का वरदान
दिया था
उस वर को तो
उसे जीना ही है
पुत्रहीना
बंधुविहीन
उसके नेत्रों से अश्रु गिरते हैं
दुःशासन द्वारा खींची गयी
उसकी साड़ी का आंचल
बार-बार
भिगो जाते हैं
वह उसे हथेली में पकड़
आंखों तक नहीं ले जाती
सूखते भी नहीं हैं उसके
अश्रु
यद्यपि उसकी उसकी छाती का दूध
पुत्रों के वियोग में
कब का सूख चुका है

यह कैसा शाप है
तातश्री !
मैं गांधारी
महाराज धृतराष्ट्र की
शतपुत्रों को जन्म देने वाली
अर्द्धांगिनी

अपने पति के जीवन में
प्रकाश करने के स्थान पर
ज्योति भरने के स्थान पर
अधिकाधिक अंधकार
भरती आयी हूं

जब मैं आज
उनका हाथ थामकर
कुंती के साथ
अब वन को प्रस्थान
करने की तैयारी में हूं
चाहती हूं हो शाप मुक्त
द्रौपदी भी।

पुत्री !
अग्निशिखाओं सा तुम्हारा तेज
कुछ कम होता जा रहा है
इससे
थककर विश्राम मत करना
तुम्हारे पांचों पति
तुममें पूर्व की भांति
रमते नहीं हैं
इसके लिए खिन्न भी मत होना
क्योंकि उन्होंने भी
लगभग उतना ही खोया है
जितना कि तुमने
किंतु वर्षों के पश्चात्
जिनकी तुम सखी हो
उन कृष्ण की बांसुरी की

जब केवल
अनुगूंज रह जाएगी
तुम्हारे पति परमेश्वर
परमगति पाने को आतुर
हिमालय की उत्तुंग ऋंखलाएं
पार कर जाएंगे
तुम अपने थके नेत्रों से
उनके पीछे मुड़कर देखने की
प्रतीक्षा करोगी
नितांत अपनों के अपरिचय की छायाएं
जब तुम्हारे नेत्रों से
पुनः अश्रु ढुलकाएंगी
और दुःशासन द्वारा खींची
और कृष्ण द्वारा संरक्षित तुम्हारी साड़ी का आंचल
पुनःपुनः भीग जाएगा
तब तुम भी शाप-मुक्त हो सकोगी
द्रौपदी
जानोगी
मेरे नेत्रों पर बंधी पट्टी का मर्म
और पूछोगी
अपने भाग्य से
कि तुमने भी अपने नेत्रों पर
पट्टी क्यों नहीं बांध ली थी !
अपनों को छोड़कर चले जाने पर
केवल अंधेरा होता है
और
बंद नेत्रों के अंधेरों का प्रकाश
वह जो मन के भीतर होता है
बहुत गहरा होता है
द्रौपदी!

तातश्री
यदि कभी, इच्छामृत्यु वरने के बाद
उस लोक में
आपकी याज्ञसेनी से
भेंट होगी
तो क्या आप उससे पूछेंगे
कि आपके द्वारा दिये गये वरदान
और मेरे द्वारा शापमुक्त होने के संभाव में से
द्रौपदी को
कौन-सा फलित हुआ ?

आपसे कुछ और भी कहना है
तातश्री
कि मैंने अपनी आंखों पर पट्टी न बांधी होती
तो आपके भगवान वासुदेव भी तो
शापित न हुए होते !
यूं तो आप भी जानते हैं
कि कृष्ण को गांधारी का शाप
मृत्युलोक से उनकी शापमुक्ति का बहाना है
और वे यदि देव हैं
तो वैकुंठ में बसें
पृथ्वी को हम जैसे विवश
मनुष्यों के लिए छोड़ दें
क्योंकि
अब उनके तीनों पैरों से नप जाए
वह धरती कहां बची है
इस पर तो मेरे दुर्योधन का शव
क्षत-विक्षत पड़ा है
यदि ईश्वर हैं वासुदेव

तो मंदिरों में बसें
कुरूक्षेत्र तो श्मशान भूमि है
तातश्री
और मंदिर श्मशानों में नहीं बनते
इसीलिए मैंने अपने भगवान को भी
अभिशाप देकर
देह के शाप से मुक्त किया है,
आप भी तो इच्छा मृत्यु का अभिशाप जी रहे है
तातश्री !

द्रौपदी

वर्षों से
मेरे खुले हुए केशों के स्थान
आज मेरे कांधे पर
वेणी गुंथी है

दु:शासन की छाती को चीर
अंजुरी में रक्त भरकर
भीम ने मेरे केशों को सींचा है
मेरा मन
कुछ भी अनुभव नहीं करता
जैसे सब कुछ रुक गया है
दिशाओं के ओर-छोर में
दारुण युद्ध की समाप्ति से उत्पन्न
विवश-सा
सन्नाटा है
अभिमन्यु की चिता की अग्नि
बुझ चुकी है
मेरे पांचों पुत्र भी
आकाश में
नक्षत्र बन गये हैं
कभी-कभी

कर्ण की चिता की राख
उड़कर हवा के साथ
मेरे इस शिविर के बाहर
बिखर जाती है
ठिठककर मैं वहीं खड़ी रहती हूं
और उसका एक-एक कण
मुझसे पूछता है—
'बताओ, द्रौपदी,
रूखे केशों का
रक्त से सींचा जाना
कैसा लगता है ?'
खुले हुए केशों का
वेणी में गुंथ जाना
कैसा लगता है ?

'देखो,
तुम्हारी वेणी को
तुम्हारी ग्रीवा पर
झुलाने के लिए
यह अट्ठारह अक्षौहिणी सेना
ये सारे वीर पुरुष
गुरु द्रोण
पितामह भीष्म
तुम्हारे अर्जुन का पुत्र अभिमन्यु
हंसते-हंसते
वीरों की गति पाकर स्वर्ग में प्रसन्न हैं
तुम भी तो प्रसन्न हो न द्रौपदी ?
किंतु तुम हंस क्यों नहीं रहीं ?
तुम्हारे सलोने मुख पर

काजल-विहीन नेत्रों से
अश्रु ढुलक आए हैं,
कौन से अतीत की स्मृति
आज तुमको अंतर से
मथ रही है ?
मुझे किंतु आज,
सब कुछ स्मरण हो रहा है—
देखो
वह यज्ञ कुंड से निकलीं तुम
स्वयंवर के आयोजन में
श्वेतवस्त्र धारण किये
झीने आवरण में से
यहां-वहां
राजाओं के मुख निहारतीं
उन्हें पराजित होता हुआ
देख रही हो
तुमने पढ़ लिया है द्रौपदी
मेरे नेत्रों में
अपने लिए प्रेम निवेदन
और मेरी ओर तिरस्कार पूर्ण नेत्रों से देखते हुए
मुझसे मेरे कुल का परिचय मांगा है

'मैं राख हो चुका हूं आज,
किंतु, सुनायी दे रहा है मुझे
सहसा कठोर हो गया
तुम्हारा कोमल स्वर,
वह स्वर तुम्हारा नहीं हो सकता'
द्रौपदी
तुम्हारी नहीं हो सकती वह वाणी

शूल को भी तोड़ न पाए जो,
हथेली में पांखुरी को मसल के,
वह तुम कैसे हो सकती हो
देवी!

'शूल से ही गड़ गये हैं
मेरे हृदय में तुम्हारे शब्द

'मुझे
उस दिन
अपने पिता का
परिचय नहीं था ज्ञात
और आज तुम पुत्रहीना हो
यद्यपि तुम्हारे सभी पुत्रों को
अपने पिताओं का
मिला था नाम !
तुम्हें क्या ऐसा नहीं लगता
कृष्णा
कि जब भी किसी पुत्र को अपने पिता का
परिचय पा
अंगुली थाम उसमें चलने की
आवश्यकता पड़ती है
दैव
दोनों में से किसी एक को
स्वप्न बना देता है

'मैं शेष हुआ
शेष हुए तुम्हारे पुत्र भी
शेष हुई

दिन भर आकाश पर एकछत्र
राज्य करने वाले सूर्य की संतति
शेष हो गयी
धर्म, इंद्र, वायु, अश्विनिकुमारों की
संतति की भी संतति
देवता भी व्यतीत होते हैं
द्रौपदी, व्यतीत होती है उनकी संतति
व्यतीत होता है उनका साम्राज्य

'इस संग्राम में
सब कुछ व्यतीत हो चुका है
कौरवों और पांडवों के
समस्त
जन-परिजन-संबंधी
अब परिजनों से जुड़ी
कुछ स्मृतियां रह गयी हैं
जैसे होंगी तुम्हारे
हाहाकार करते मन में
अभिमन्यु की किलकारियां
चांदनी बरसाती
यामिनियों में
पंच-पतियों के साथ
हास-परिहास
या मृदुल स्पर्श
फिर महीनों के पश्चात्
आंचल में उतर आए
दुग्ध का ज्वार
पुत्रों का
गोदी को हल्का जाने वाला भार।
वही तो देवी—

सब शेष हो चुका है
और नेत्र खोलते, बंद करते ही
झकझोरती हैं
तुम्हें वे पुरानी स्मृतियां
मेरे पुत्रों के शव भी जल चुके हैं

'अपने परम मित्र दुर्योधन की मित्रता
की परिणति मैं नहीं देख सकता—
राख बन गया हूं
अब तो यह पूरा कुरूक्षेत्र
श्मशान
हस्तिनापुर
अक्षौहिणियों की
बीते हुए कल की स्मृतियों का कारागार है
मैं उड़कर आज
तुम्हारे निकट आया हूं
यहीं हूं
बिखरा हुआ
तुम्हारे पैरों के आस-पास
चाहो तो आज भी
मुझे रौंद कर चली जाओ
स्वयंवर के दिन की भांति
मेरा हृदय
छलनी कर दो अपने वाक्‌बाण से
अन्यथा
मुझे यह बताती जाओ
द्रौपदी—
क्या तुम्हारी
वेणी के गुंथने का मूल्य

उतना ही था
जितना तुमने लिया
अथवा
क्या तुम भी चाहतीं तो
अपने पुत्रों को
उनके पिताओं के परिचय की छांह में
रहने दे सकती थीं ?

'बताओ कृष्णा !
तुम्हारे केश
यदि रूखे
और खुले ही रहते
तो तुम्हारे प्रियजन
उनमें अंगुलियां तो छुआ सकते थे ?
आज तुम्हारी वेणी गुंथी है
किंतु तुम्हारे सिर से
नटखटपन में
पीछे से
आंचल खींच जानेवाले हाथ
नहीं हैं।

'संकुचाओ मत
भीरू मत बनो
उस दिन भी
यह तुम्हारा ही मन था
जिसने केशों के नागों को
पीठ पर फुंफकारते छोड़ दिया था
और आज भी
यह तुम्हारा ही मन है
जो अपनी ही स्मृतियों का पन्ना खोल

उड़ जाना चाहता है
इस बीच
केवल समूचा हस्तिनापुर
चुप हो गया है
चुप हो गया है
मंदिरों में मंत्रोच्चार
शंखों का पवित्र स्वर
तुम्हारे सखा
का पांचजन्य भी चुप हो गया है
द्रौपदी
तुम्हारी इस गुंथी हुई वेणी का मूल्य
क्या है ?'

●

हां,
वर्षों के पश्चात्
मैंने वेणी गूंथी है
कर्ण की व्यतीत हो गयी काया की चिता की
राख
मुझसे कोई प्रश्न नहीं पूछ सकती
तो भी
लंबी-सी एक प्रश्नावली सुनायी देती है
सुभद्रा की सूनी हो गयी गोद भी
कितने ही प्रश्नवाचक चिह्न
लगा रही है
कुछ नहीं कहती उत्तरा
बस टकटकी बांधे
मेरी शृंगारविहीन वेणी की ओर देखती है

जिसके गुंथे जाने भर के लिए
अभिमन्यु सो गया है
यौवन में ही
बड़ी गहरी नींद
सखा कभी-कभी आ जाते हैं
जाने क्यों
अब उनका आना भी
मेरे मन के हाहाकार को
शांत नहीं करता
उस दिन
कुरू-सभा में जो
मेरी लज्जा का आवरण बनकर
उतरे थे
वही सखा
आज मेरे
अंतर्मन की लज्जा को
ढांप नहीं पाते हैं
कौन मुझे बताएगा कि
जिन केशों के गूंथ जाने का मूल्य
कृष्णा को भी
निरुत्तर कर जाता है
वे केश यदि
खुले ही रहते
तो क्या होता ?

धर्मराज

धर्मराज
हां
सभी मुझे धर्मराज ही कहते हैं
धर्म मुझ पर राज्य करता है
अथवा
मैं
धर्म पर —
मेरा मन शंकालु है आज
जाने क्यों।

जननी और जनक ने
दिया था नाम—
युधिष्ठिर
युद्धों में मेरी मति
स्थिर रहेगी- सोचा होगा
पाप और पुण्य की
क्रोध और प्रेम की
कोई भी परिस्थिति
मुझे व्याकुल नहीं करेगी—
सोचा होगा

धर्म की पताका
हाथ में लिये
खड़ा रहूंगा मैं
अविचलित
सदैव
अनुज्ञों को
समय-समय पर
विवेक का पथ दर्शाने का काम भी
मेरा ही होगा
मेरी वाणी से निकला हुआ
एक-एक शब्द नपा-तुला होगा
गंभीर रहूंगा मैं सदैव
सागर की भांति
चाहे कितने ही आएं
उन्नति के ज्वार
विपदाओं के भाटे
प्रजाजनों के समस्त कष्टों की पीड़ा
मुझमें आकर मिल जाएगी
उफनती हुई नदियों के जल की भांति—
तो भी मैं रहूंगा अविचलित
क्योंकि मैं
युधिष्ठिर हूं।

कितनी ही चंद्रिका-चर्चित
रात्रियां आकर
मन को लुभाएं
ज्येष्ठ मास के कितने ही सूर्य
मन को अग्नि-सा तपा जाएं
मैं युधिष्ठिर हूं

युधिष्ठिर ही रहूंगा
युधिष्ठिर ही बने रहने के लिए
मैं शापित हूं

क्यों मैं साधारण मनुष्यों की भांति
नगर-जनपदों के अन्य वासियों की भांति
जीवन की सामान्य सुख-दुःख की
अवस्थाएं नहीं जी सकता ?

स्मरण नहीं होता मुझे
किसी ने कभी देखी है
मेरे मुख पर स्मित हास्य की
हल्की सी भी रेखा
विपरीत से विपरीत क्षणों में भी
मैं उद्विग्न क्यों नहीं होता ?
होता ही नहीं उद्विग्न मैं
मन में उठते हाहाकार का परिचय
किसी को न मिले—
यह दंभ
मेरी शिराओं में संचालित होता है
जैसे होता है रक्त की भांति-संचालित
उनमें सत्य
धर्म
और न्याय

क्यों नहीं करते व्यथित
मुझे द्रौपदी के खुले केश भी
क्यों नहीं भर देती अवसान से
मुझे अर्जुन की अनुपस्थिति
किसी भी अमर्यादित शब्द का वाचन

मेरे लिए
अपने ही निमित्त
स्वयं निर्धारित
अपनी ही सीमाओं का
अतिक्रमण क्यों है ?

सब कहते हैं मुझे धर्मराज युधिष्ठिर
किंतु मेरा मन आज
व्यथित है
नहीं था जब मुझमें बल
द्रौपदी को स्वयंवर में विजय करने का,
उसका पाणिग्रहण करने का
क्या था अधिकार मुझे ?
क्यों हो गया था मैं
आसक्त
उसके सांवले सौंदर्य पर
उसकी पद्मगंध ने बांध लिया था
मुझे क्यों ?

मुझे
अर्जुन के सौभाग्य से
ईर्ष्या हो रही थी
मैं अर्जुन से
द्रौपदी को अपने लिए मांगने का
साहस भी नहीं जुटा पाया
अग्रज होने का अहंकार
मुझे नागपाश सा
बांध रहा था
और द्रौपदी के प्रति
वासना का ज्वार

मेरे विवेक के सारे ज्वारों को
पुनः पुनः लांघ रहा था
संभवतः अर्जुन
भ्रातृप्रेम में
स्वकीया द्रौपदी को मुझे
अर्पित कर ही देता
किंतु कैसे होगा वह स्वीकार
मेरे पुरुष अग्रजीय अभिमान को
इसीलिए पहली बार, पहले ही दिन,
द्रौपदी को मैंने
दांव पर लगा दिया था
उस दिन
पर्णकुटी के बाहर
माता के सम्मुख प्रस्तुत होने से पहले
अन्य उपाय भी तो नहीं था
मेरे पास
अपने अहं को अक्षुण्ण रखने का !
माता वही उत्तर देगी
जो मुझे पहले से ज्ञात था—
'पांचों भाई समान रूप से
भिक्षा को परस्पर बांट लो'
इसीलिये सहज ही
मैंने द्रौपदी को
भिक्षा में प्राप्त वस्तु कहकर प्रस्तुत कर दिया !

कौन समझेगा
मुझसे अधिक
मेरी दुर्बलताओं को ?
मुझे सदैव ईर्ष्या रही
कृष्ण और कृष्णा की अंतरंगता से

मुझे सदैव ईर्ष्या रही
भीम और पांचाली के पारस्परिक परिहास से
मुझे सदैव ईर्ष्या रही
द्रौपदी और नकुल-सहदेव के
शिशु सुलभ आलाप से
कदाचित् इसीलिए
उस दिन कुरू-सभा में
मैंने पुनः द्रौपदी को
दांव पर लगाया
और हार गया
जानता था
कि पराजय ही होगी
और वह याज्ञसेनी ही मेरी स्वतंत्रता का माध्यम
भी बनेगी

उस दिन भी साहस नहीं था
मुझमें उस द्रुपद-कन्या के प्रश्नों के उत्तर देने का,
कभी भी नहीं रहा

युधिष्ठिर-यह नाम
अग्रज होने का मान
मेरे अहं की
कितनी ही बार तुष्टि करता है
रक्षा कवच सा
मेरी दुर्बलताओं को ढांप लेता है
सबकी प्रश्नवाची दृष्टि से मुझे बचाए रखता है

किंतु आज
स्वर्गारोहण के लिए

सशरीर जाते समय
द्रौपदी,
जब तुम क्लांत होकर पीछे गिर गयी हो
और मेरी दुर्बलताएं
मुझ पर फिर से वार कर रही हैं
मैंने भीम को भी पीछे मुड़कर न देखने का
आदेश दे दिया है

मन ही मन
मैं तुम्हारे सम्मुख
अपनी पराजय स्वीकार करता हूं
कि जीवन पर्यंत मैंने तुम्हें
जुए में दांव पर लगाया
तुम पराजय में भी सदैव
मेरी विजय का कारण बनोगी
यह जानते हुए समझते हुए

आज भी
इस अंतिम पथ पर भी
तुम्हारे प्रश्न भरे नेत्रों का
सामना करने में
मैं असमर्थ हूं
यश की मेरी पिपासा
अनंत है द्रौपदी
और तुम आज
उस पिपासा को शांत करने में
जल का एक कण बराबर भी
योगदान नहीं कर सकतीं
और जाने ऐसा क्या है

कि तुम्हारे सम्मुख मैं स्वयं को
सदैव
पराजित ही अनुभव करता हूं
तुम्हारे सौहार्द्र से मिली हुई
स्वतंत्रता भी अब मुझे स्वीकार्य नहीं है

यद्यपि, तुम इसे भी मेरा मिथ्यांभिमान
मान सकती हो
किंतु द्रौपदी
अट्ठारह दिवसीय उस
भीषण संग्राम में
असंख्य लोग
मृत्यु का वरण कर
अपने देहाभिमान से मुक्त हो गये
विजित अथवा पराजित
वे सौभाग्यशाली
यशस्वी नर थे
विजय
पाकर भी तो मैंने
प्रजाविहीन राज्य पर
शासन
किया है
यश का मेरा लक्ष्य अभी आगे है
इसमें तुम पीछे छूट रही हो
इसमें मैं प्रतीक्षा नहीं कर सकता
तुम्हारी भी

मैं जानता हूं द्रौपदी
कि तुम्हारे खुले केशों में
दुःशासन के हृदय को चीर

निकाल कर
लगाया गया रक्त भी
तुम्हें
तुम्हारे अपमान के दंश से
मुक्त नहीं करा पाया
मैंने सुनी हैं
अनेकाअनेक रात्रियों में
तुम्हारी सिसकियां
और उन सिसकियों ने
मेरे पौरुष को बार-बार चुनौती दी है
अपनी पुत्रहीनता की पीड़ा को भूल
अपनी दयार्द्रता से
तुमने अश्वत्थामा को भी
क्षमा किया है

किंतु युधिष्ठिर मैं,
फिर भी रहा मौन
तुम्हारी दया का भी
सामना करने का साहस
मुझमें नहीं है
पितामह से लेकर माता और
प्रजाओं तक ने मुझे धर्मराज माना है
केवल तुम्हारे सम्मुख
मेरे धर्म का कांटा डोलता है
इसलिए
मुझे जाने दो द्रौपदी,
अकेले ही स्वर्गारोहण करने दो
मैं अविचलित
युधिष्ठिर ही बना रहने के लिए शापित हूं
मुझे युधिष्ठिर ही बना रहने दो !

द्रौपदी

तुम्हारी यात्रा मंगल मय हो
प्रिय
आज फिर तुम
कृष्णा को पीछे छोड़कर
जा रहे हो
किंतु, इस बार
लौटोगे नहीं
मुझे पता है।

क्षितिज से घुमड़ने वाले ये मेघ
आज मेरे चारों ओर घिर आए हैं
और यहां मानसरोवर के
एक-एक
कमल की पांखुरी
खुलती जा रही है

मेरा मन भी
अतीत की कितनी ही परतें खोलने को
व्याकुल है
अर्जुन
आज जब तुम अपनी अनंत यात्रा पर

मुझे पीछे छोड़कर जा रहे हो
मैं अपने हृदय में
उमड़ने-घुमड़ने वाली
सारी की सारी बातें
तुमसे कहना चाहती हूं

देखो प्रिय
मेघाच्छादित आकाश के
स्पर्श-मात्र से
मेरा यह केश विन्यास
भीग-सा रहा है
आज एक बार फिर
इन्हें खोलने का मन हो आया है
उस बार जब इन्हें खुला छोड़ दिया था
तब वह मेरी देह की मर्यादा
के अपमान की
प्रतिक्रिया थी
उसका प्रतिशोध
तुमने ले लिया था
कौरवों का वध करके
भीम ने दुःशासन का हृदय चीर
उसके रक्त से
मेरे इन केशों को सींचा था

तुम सभी भाई
इन्हें खुला देख
अपनी-अपनी तरह से
पीड़ित भी होते थे
अंततः
उस महाभारतीय युद्ध के पश्चात्

तुम्हीं ने
इन्हें समेट
अपने हाथों से
इनकी वेणी गूंथी थी
और अर्जुन
आज तुम्हीं सब
मेरे मन को
अब अपने पैरों तले
रौंद
चले जा रहे हो
मैं यहां
कैलास की हिमाच्छादित पगडंडी पर
बार-बार
मेघों के गीलेपन से
भीग-भीग गयी अपनी
इस वेणी का स्पर्श करती हूं
आज फिर से
इसे खोलने का मन है !

कदाचित्
मेरी पीठ पर बिखरी
काली छायाओं को देख
तुम्हें उस अपमान के दंश का
आभास हो
जो तुम्हारे इस बार
मुझे छोड़कर चले जाने से हुआ है
यूं तो अर्जुन
पहले भी
तुमने
मेरी उस व्यथा को

कब समझा था
जब तुम अपनी
अनेकानेक विजय यात्राओं पर निकलते थे
दिग्दिगांत से तुम्हारी ख्याति
सुनते-सुनते
मैं तुम्हारी कल्पना में ही
जीवित रहने को विवश थी
फिर उसे ही अपना प्रारब्ध मान
मैंने अपने मन को
समझा लिया था
किंतु उन रात्रियों में अर्जुन
मेरी पीठ पर फैले उन नागपाशों का
दंश
और भी अधिक
यातनाप्रद हो जाता था
जब मैं तुम्हारे
हाथों से
सुभद्रा की वेणी गूंथे जाने की
कल्पना करती थी

अर्जुन
उन रात्रियों में मेरी पीड़ा
और भी गहरी हो जाती
जब मैं तुम्हारे साथ व्यतीत करने वाले
वर्ष में शय्या के दूसरे भाग पर
किसी अन्य स्त्री के साथ
तुम्हारे
प्रेम-पाश में बंधे होने की
कल्पना करती थी
उन रात्रियों में अर्जुन

मेरे नेत्रों से बहने वाले अश्रुओं की धारा का
प्रवाह
और भी तीव्र हो जाता
जब मैं
तुम्हें चित्रांगदा औ़र उलूपी के नयनों में
अपनी प्रतिच्छवि को
तलाश करते हुए
देखने की कल्पना करती थी

हर रात्रि को अर्जुन,
मेरी कुटी के बाहर
पारिजात के पुष्प खिलते
मेरे मन में प्रेम का ज्वार बनकर
आसपास की सारी हवा को
सुगंधित करते
प्रातः होते-होते मेरी देह के समर्पण
की
भांति
पृथ्वी पर छाते
और फिर मेरी ही भांति
अनछुए
मुरझा जाते

मेरी प्रतीक्षा तो
अनंत काल की
तुम्हारे आलिंगन में डूब-डूब जाने की है
अर्जुन
और मेरी पीड़ा
तुम्हारे आलिंगन में
कभी भी न डूब पाने की

फिर आज
जब तुम मुझे पीछे छोड़
अपनी इस अंतिम
और अनंत यात्रा पर निकले हो
तो मेरे मन के सरोवर का यह कमल
व्याकुल है
और पीठ पर केशों के काले बादल
छितराने को हैं
तब आश्चर्य क्यों है ?

कृष्ण

कृष्णा
स्मरण है तुम्हें
एक दिन मेरी क्षत अंगुलि पर
तुमने
अपनी मंगलमयी साड़ी का
पल्लू चीर
पट्टी बांधी थी
मैं उस तुम्हारे नेह को
भुला नहीं पाया
कैसे भूलता ?
तुम भूल गयीं।

इसलिए
उस दिन जब
कुरू-सभा में
तुमने मुझे पुकारा
सारी करुणा के साथ
मन के कलुष को भुला
तुम मुझमें विलीन ही हो गयी
तब मैं
तुम्हारे पास आ गया

आना ही था मुझे
तुम्हारा नेह लौटाने
तुम मेरी अपनी थीं
इस समूचे जन समूह में
कोई हाथ—
जो तुम्हारी सहायता को बढ़ते
नेत्र—
जिनमें प्रवाहित होती
तुम्हारे लिए करुणा
वाणी जो तुम्हें
धीरज देती
वयोवृद्ध कोई
जो तुम्हारे प्रश्नों का
सहज ही उत्तर दे जाता
तुम भूल गयीं थीं
उस क्षण
दिग्भ्रमित थे सब
अपने काल की प्रतीक्षा में थे
इसीलिए
उचितानुचित का भान भी
उन्हें नहीं था,
उनके नेत्र नहीं थे सजल
उनकी वाणी भी पथरा गयी थी
जो आगे बढ़ते
ऐसे पग कहां थे
समय स्थिर हो गया था
और कृष्णा,
तुम भी कहां स्वयं अपनी थीं
मान-अपमान भी

वह तुम्हारा कहां था
इसीलिए
जब तुमने अपने
सभी भावों-अभावों को संचित कर
मुझ पर उड़ेल
मुझे आहूत किया
मैं आ गया

सखी,
स्मरण करो
जब अर्जुन और तुम्हारे बीच
अनेक बार
मैं वार्ता का माध्यम बनता था
और एक दिन एकांत में
तुमने मुझसे पूछा था
मैं अर्जुन को कैसे पाऊं
और मैंने तुमसे कहा था—
नदी को पाना चाहती हो ?
तो स्वयं नदी-जल बन
उसकी धारा में सम्मिलित हो जाओ।
आकाश को बाहों में समेटना चाहती हो
तो स्वयं
पवन का झकोरा बन
उसमें विलीन हो जाओ
तुम नदी को पा जाओगी
तुम आकाश को पा जाओगी
मत कहो कृष्णा
'तुम मेरे हो'
कहो, 'मैं तुम्हारी हूं'

उस दिन की चर्चा को
तुमने आत्मसात कर लिया
इसीलिए
कुरू-सभा में
जब तुमने मुझे
अपनी आर्द्रता भी सौंप दी थी
तो मैं आ गया
तुम्हारे पास
मैं तभी से तुम्हारे पास हूं
कृष्णा
यूं तो उससे पहले भी था
किंतु इस क्षण
तुमने मेरी निकटता को
अनुभव किया
तुम्हारे विचार, इच्छाएं
सब कहीं बह गये
शेष था केवल भाव
इसीलिए
तुमने मुझे अनुभव किया था
उस दिन
मैं नहीं हूं शेष अब
और देख नहीं सकतीं तुम
मुझे
उसी भांति
सशरीर
जैसे पहले देखा करती थीं
किंतु फिर भी हूं
यहीं, तुम्हारे आस पास।

तुम क्यों बैठ गयी हो
इस तरह
आज
होकर क्लांत ?
भीगे हैं तुम्हारे नेत्र
तंद्रा में हो तुम
फिर भी प्रश्न कर रही हो
एक के बाद एक
किससे ?
किसके सम्मुख
खोल रही हो
अपने मन की
सारी परतें ?
आज फिर से कोई नहीं है यहां
तुम्हारे प्रश्न सुनने को
कुरू-सभा की भांति
इस हिमाच्छादित
पर्वत श्रृंखला की
पगडंडियों पर
तुम्हें अकेला
छोड़
तुम्हारे वे पति
आगे बढ़ गये हैं
सशरीर
स्वर्गारोहण के लिए
भीम
अर्जुन
नकुल
और सहदेव

चलते जा रहे हैं
बिना रुके
बिना देखे पीछे
वे नहीं छोड़ पाये
आज भी
अग्रज के पथ का
अनुसरण करने का मोह
इसीलिए
तुम्हें यहां छोड़
चले जाते हैं
मत पूछो कृष्णा
तुम किसी से भी कोई प्रश्न
उनका उत्तर
किसी के भी पास नहीं है।
तुम याज्ञसेनी
यज्ञ की आहूतियों से
जन्मीं
परम-पवित्रा
पूर्णा
तुम्हारी जिज्ञासाओं
तुम्हारे तर्कों
और तुम्हारे भावों की
उदात्तता को
वहन करना
किसी मनुष्य के वश में कहां है!

वे
सामान्य मनुष्य हैं
जाने दो उन्हें

संताप मत करो
तुम उनके लिए उनके
स्वार्थों को सिद्ध करने का
केवल एक माध्यम थीं
हां
स्वार्थ ही थे उनके—
धर्म की स्थापना करने का स्वार्थ
स्वार्थ सत्य-पथ पर टिके रहने का
विश्व विजयी बनने का
अंतर केवल
थोड़ा सा था
उनके और कौरवों के
स्वार्थों के बीच—
दुर्योधन का
आत्मकेंद्रित था
और युधिष्ठिर के स्वार्थ का
फलक
था कुछ विस्तृत।
इसीलिए
दुर्योधन
पहले चला गया
मृत्यु के गर्भ में
युधिष्ठिर
सदेह
स्वर्ग में जाना चाहते हैं
मैं भी था
तुम्हारे पतियों के ही साथ
उनका सहयोगी

उनके कर्म और आचरण में
भागीदार
उनकी सभी गतिविधियों का
दृष्टा
और साक्षी
केवल इसीलिए
कि क्षुद्र स्वार्थों की तुलना में
महत् की स्थापना का साथ देना
उत्कृष्ट था

किंतु कृष्णा,
देख तो रही हो
अंत सभी का वही
निश्चित है
अंतर उनके बीच
केवल
कुछ पल
दिवस
मास और वर्षों का है

मेरा शरीर तुम्हारे पतियों की
भौतिक आंकाक्षाओं की
दृष्टि में उनके निकट था
क्योंकि उन्हें कर्म करने का
उपदेश देकर
मैं स्वयं
अपनी देह के कर्म
और उसके धर्म से परे
कैसे रह सकता था !

इसलिए अपने शारीरिक जीवन में
मैंने अपना कर्म किया
और तुम्हारे पतियों का पक्ष लिया
किंतु आज,
मैं उनके साथ नहीं हूं
सखा अर्जुन के भी नहीं।

शेष हुआ मेरा शरीर
किंतु, अपनी अनंत सत्ता में
मैं तुम्हारे ही पास हूं

इस समय
कृष्णा
जब धीरे-धीरे
विगलित हो जा रहा है सब कुछ,
हिम की भांति
तुम्हारे अंतर्मन का
एक-एक ताप
पिघल कर
बह रहा है
तुम्हारे सजल नेत्रों से,
चेतनाशून्य हो गयी हो
तुम।
लो
मैं फिर से हूं तुम्हारे पास
अपनी अनुपस्थिति में भी
तुम्हारे निकट हूं
और तुम मुझे
अनुभव कर रही हो

आज भी
अपनी अशरीरी सत्ता में भी
मैं तुम्हारे निकट हूं
तुम्हारे शरीर के निकट
आत्मसात कर लो मुझे
इन थोड़े से क्षणों में
अपनी एक-एक श्वास में
भर लो तुम मुझे
व्यतीत हो जाएगा
तुम्हारा यह शरीर
कुछ ही क्षणों में

जब तक
वह पराग बनकर
हवा में मिल जाए
सखी
मैं तुम्हारे ही पास हूं
गंध की भांति
मैं तुम्हारा भाव हूं
तुम्हारी अनंत प्यास हूं
तुम्हारी समस्त आकांक्षाओं का
मैं प्रतिफल हूं

सो जाओ कृष्णा,
मन को विराम दो
शांत हो जाओ
केवल तुम अनुभव करो
आंखें मूंद लो

और देखो मुझे
मेरा पीतांबर
शून्य में भी लहरा रहा है
मेरा मोरपंख भी
तुम्हारे निकट आने को छटपटा रहा है
कान भी
बंद कर लो कृष्णा
और सुनो
आज मैं केवल तुम्हारे लिए ही
बांसुरी बजा हा हूं
सुन रही हो आज तुम
बांसुरी की धुन ?
सो जाओ कृष्णा
मन को विराम दो
शांत हो जाओ।

■■■■